AF458748

LES

BAINS DU MONT-DORE

EN 1786

VOYAGE EN AUVERGNE

DE

MONNET

INSPECTEUR GÉNÉRAL DES MINES

PUBLIÉ ET ANNOTÉ

Par Henry MOSNIER

CLERMONT-FERRAND

BIBOU-COLLAY, LIBRAIRE

Rue Saint-Genès, 5

1887

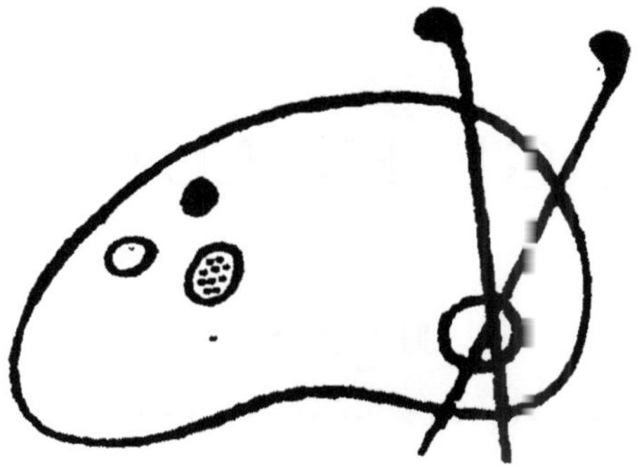

Fin d'une série de documents
en couleur

LES

BAINS DU MONT-DORE

EN 1786

LK7
31832

EXTRAIT

du Tome XXIX des *Mémoires de l'Académie des sciences, belles-lettres et arts de Clermont-Ferrand.*

TOUS DROITS RÉSERVÉS

LES

BAINS DU MONT-DORE

EN 1786

VOYAGE EN AUVERGNE

DE

MONNET

INSPECTEUR GÉNÉRAL DES MINES

PUBLIÉ ET ANNOTÉ

Par Henry MOSNIER

CLERMONT-FERRAND

RIBOU-COLLAY, LIBRAIRE

Rue Saint-Genès, 3

1887

INTRODUCTION

Rudesse du climat, difficultés d'accès, absence presque complète d'installation balnéaire, rareté et pauvreté des hôtelleries, telles sont les conditions essentiellement défavorables contre lesquelles a eu à lutter, dès son origine, et presque jusque dans ces dernières années, la station thermale du Mont-Dore.

Et pourtant, grâce aux vertus curatives de ses sources, cette station a vu, depuis les temps les plus reculés, et de tous les points du globe, des malades venir lui demander la santé.

Si, vers le commencement du ve siècle de notre ère, une invasion de barbares amena la destruction complète de l'établissement que les Romains y avaient édifié, établissement dont les vestiges parvenus jusqu'à nous attestent encore la splendeur, la vie ne cessa pas complètement alors au Mont-Dore. Quelques années plus tard, Sidoine Apollinaire célèbre l'efficacité de ces eaux auxquelles maints phthisiques doivent leur guérison.

Il n'est pas, non plus, vraisemblable que le Moyen-Age, au cours duquel disparurent à la fois tant d'institutions et tant de monuments, ait vu le complet abandon de ces thermes. A défaut d'informations précises, la tradition est constante à cet égard.

Plus d'un siècle avant la fin de cette longue période de notre existence nationale, des documents nous apprennent que si, à cette époque, le Mont-Dore ne s'est pas encore complètement relevé de ses ruines, il possède pourtant des bains. En effet, par une charte de 1328, Bertrand de La Tour, qualifié de seigneur des Bains, donne au chapitre d'Orcival, 40 sols à prélever « sur les bains du lieu des Bains. » En 1540, Antoine de La Tour paye encore cette rente au même chapitre.

Dès le commencement du XVIIe siècle, les traités spéciaux que plusieurs écrivains consacrent à notre station, prouvent que sa prospérité a pris un nouvel essor. L'un de ces écrivains, Jean Banc (1), s'étonne, comme nous venons de le faire, qu'elle ait pu résister à tant de causes d'abandon.

Un autre naturaliste moins connu, et dont le traité est aujourd'hui une rareté bibliographique, Jean Mante, entre dans d'assez longs développements sur les propriétés médicales des « eaux des Bains près du Mont-Dore, » ainsi qu'on les désignait en ce temps-là, étudie leur composition minérale, indique la manière de les prendre (2).

Rien de nouveau sous le soleil : aussi, peut-on affirmer, après avoir lu les traités de Banc et de Mante, que la réclame, ce puissant levier industriel, était déjà en honneur.

Il est probable que, dès lors, les malades arrivèrent plus nombreux au pied du Sancy. Si nous ne possédons pas la liste des baigneurs de ces époques lointaines, en revanche, dès la première moitié du XVIIIe siècle, nous sortons du domaine des suppositions, pour entrer dans celui de la certitude. Les registres de décès de la paroisse

(1) J. Banc. *La Mémoire renouvelée des merveilles des eaux naturelles, en faveur de nos nymphes françaises, etc.* Paris, 1605.

(2) Voir aux *Pièces justificatives*, n° 1, la reproduction d'une partie de cette curieuse plaquette de J. Mante.

de Saint-Pardoux des Bains nous fournissent de précieuses indications sur les malades qui fréquentaient alors le Mont-Dore, et dont quelques-uns y trouvèrent, dans la mort, la fin de leurs souffrances. Les noms de ces baigneurs, dont plusieurs appartiennent à la noblesse, à la magistrature, à l'armée, au monde de la cour, forment un singulier contraste avec la description que nous allons lire et la suivante, celle que, neuf ans après le passage de Monnet au Mont-Dore, en trace Legrand d'Aussy, dans son *Voyage en Auvergne :* « bâtiments horribles, nourriture très chère, logements dégoûtants, sans cours, sans remises, sans commodité aucune, écuries sans litières, village sale et boueux, voilà tout ce qu'on y trouve. »

En 1795, date du récit de Legrand d'Aussy, le progrès a pourtant fait une timide apparition dans l'étroite vallée. Les sources n'appartiennent plus au seigneur de La Tour, mais à un habitant du pays. Ce dernier les loue à divers industriels qui les conduisent dans leurs hôtelleries, où sont installées des baignoires.

Un ingénieur des ponts et chaussées, M. Segauzin, entrant plus résolument dans la voie des innovations, fait, vers la même époque, construire un hôtel qui contient douze cabinets de bains et offre les premiers éléments, nous ne dirons pas du confort, le mot n'existait pas encore dans notre langue, tout au moins d'un bien-être relatif.

Bientôt, les chemins donnant accès au Mont-Dore, et dont Monnet nous fait un si triste tableau, vont s'améliorer, grâce aux efforts de l'intendant d'Auvergne, M. de Chazerat. Ce digne successeur de M. de Monthyon, le célèbre philanthrope, marque son administration par les plus heureuses réformes. Jusqu'à lui, l'Auvergne semblait avoir été complètement oubliée au point de vue des voies de communication; M. de Chazerat en fait ouvrir plusieurs et rectifier un grand nombre. L'impulsion qu'il donne à ces utiles travaux est si vive, qu'en 1795, Legrand d'Aussy peut faire la constatation suivante dont la publicité ne dut pas peu contribuer à la prospérité de notre vieil établissement :

« Pour aller aux Bains, on n'avait, il y a quelques années, qu'un chemin à travers les montagnes, mais si étroit, si scabreux, que les malades ne pouvaient s'y rendre qu'à cheval ou en litière. Aujourd'hui on y va par la grande route du département de la Corrèze. D'après des arrangements particuliers, la poste de Clermont y mène directement, malgré une traversée de deux petites lieues, et une berline peut arriver jusqu'au village. »

Le XIXe siècle voit enfin le Mont-Dore s'élever, non pas au niveau de nos plus grandes stations balnéaires de France et de l'étranger, mais se mettre à même d'offrir une hospitalité décente aux malades qui y accourent de plus en plus nombreux chaque année.

Présentons au lecteur l'auteur du voyage que nous publions. Sans avoir joué, dans le monde scientifique de son temps, un rôle de premier ordre, il n'en doit pas moins être regardé comme un des personnages marquants nés en Auvergne, ainsi que l'on pourra s'en convaincre par sa biographie, dans laquelle nous avons cherché à reproduire une physionomie qui ne laisse pas de présenter une grande originalité.

Monnet (Antoine-Grimoald) naquit en 1734, dans la petite ville de Champeix, en Auvergne (1). Il appartenait à une famille de la bourgeoisie. Ses parents ayant à leur charge de nombreux enfants, ne purent donner à chacun d'eux qu'une instruction assez sommaire. Pourtant,

(1) Aujourd'hui chef-lieu de canton de l'arrondissement d'Issoire (Puy-de-Dôme).

Les registres de baptême de Champeix pour 1734, n'existant ni dans les archives municipales de cette ville, ni dans les archives judiciaires de la Cour d'appel de Riom, nous ne pouvons donner la date exacte de la naissance de Monnet.

comme nous le verrons plus tard, l'un des frères de Monnet, après être arrivé à la prêtrise, devint successivement curé de Saint-Clément à Saint-Germain-Lembron, puis chanoine de la sainte chapelle de Vic-le-Comte.

Monnet fut envoyé fort jeune à Paris et employé d'abord, comme beaucoup de grands chimistes à leurs débuts, chez un apothicaire, où son intelligence attira l'attention du savant Valmont de Bomare, qui le donna comme garçon de laboratoire à Sigogne, apothicaire et chimiste de Nantes, fournisseur renommé de la marine marchande. « J'y acquis, dit-il dans un de ses mémoires resté manuscrit, quelque instruction et quelques fonds. » On avait découvert une eau ferrugineuse auprès du village de la Pleine, sur le bord de la mer, à trois lieues de Paimbœuf, et les médecins des environs en espéraient des merveilles, plus pour leur bourse que pour la guérison des malades. Ils s'adressèrent à leurs confrères de Nantes pour obtenir un chimiste capable d'analyser ces eaux. Sigogne leur recommanda son premier garçon de laboratoire, reconnaissant sa propre incapacité. « J'eus alors la hardiesse de voir Monsieur Bonnamy, le principal docteur de cette Faculté, et je fus choisi pour l'analyse. Je réussis tant bien que mal, et elle fut imprimée d'abord à Nantes, sous les auspices de cette Faculté, et ensuite dans le *Journal de médecine* de Paris (1). »

Après un séjour assez court à Nantes, Monnet revint à Paris et commença à se faire connaître dans le monde des chimistes et minéralogistes, en présentant à l'Académie des sciences, sous les auspices de Guettard, deux notes sur l'eau de mer. Ces notes combattaient les théories de M. Poissonnier, qui parvint à empêcher leur inscription dans les mémoires du docte corps. Mais le jeune homme eut la bonne fortune de rencontrer sur sa route

(1) Manuscrits de Monnet conservés à la bibliothèque de l'Ecole des Mines de Paris.

celui qui devait être pour lui, pendant nombre d'années, un protecteur et un ami.

Le célèbre Lamoignon de Malesherbes, comme plusieurs autres personnages du temps, parmi lesquels nous citerons le duc d'Ayen, père de Madame de Lafayette, s'occupait avec passion de sciences physiques et surtout de chimie. Il eut l'idée de faire de Monnet son précepteur dans cette science et de le placer à la tête d'un laboratoire d'expériences formé à ses frais. Cependant ce projet n'ayant pas été mis depuis à exécution, Monnet, qui avait été présenté par Macquer, membre de l'Académie des sciences, à M. Poulletier de la Salle, un maître des requêtes de la Cour des comptes, très passionné aussi pour la science alors en vogue, fut, pendant quelques mois, son professeur.

Voilà donc notre jeune Auvergnat devenu le maître d'hommes distingués. Il avoue, de la meilleure grâce du monde, son étonnement de se voir ainsi l'objet d'un pareil honneur. « Je n'avais jamais eu, dit-il, le moyen de payer un seul cours, et si j'avais entendu quelquefois les leçons de Rouelle, chez lui, c'est que j'y avais été conduit par quelque élève payant. Mais je savais par cœur presque tous les bons livres de chimie et de pharmacopée, et j'avais suivi, tant que j'avais pu, les cours publics. La Bibliothèque Royale, et surtout celle des moines de Saint-Germain, m'étaient en cela d'une très grande utilité. Dès l'ouverture de ces bibliothèques, qui ne s'ouvraient alors que deux fois par semaine, mais à des jours différents, j'étais là avec mon papier, pour copier tout ce qui m'était nécessaire, car je n'avais pas le moyen d'acquérir des livres.

« Mon bonheur m'attira des jalousies, mais M. de Malesherbes les repoussa toutes, en disant avec le ton badin qui lui était naturel : « Je veux faire de Monnet ce que Jésus-Christ a fait de saint Paul, un vase d'élection. »

Enfin, une belle maison, entourée d'un grand jardin,

fut louée à Vaugirard par les soins du bon Malesherbes, et le cours de Monnet s'ouvrit bientôt dans ce local, en présence d'un public d'élite. « Combien, dit le jeune savant, n'ai-je pas regretté alors d'avoir été mieux élevé, ayant passé mon enfance dans une petite ville et sans la moindre éducation ! J'étais bien excusable d'avoir ignoré tant de choses utiles. Combien étaient grands mes regrets, lorsque je voyais les nobles dames et les hommes de haut parage, auditeurs de mes cours, sourire lorsque je faisais des fautes grossières contre la langue et des gaucheries contre les devoirs de la politesse ! Aussi plaisantait-on M. de Malesherbes sur la bonté qu'il avait de se familiariser avec ce petit Auvergnat sans éducation.

« Parmi ceux qui m'écoutaient, se trouvaient Duclos, secrétaire de l'Académie française ; Turgot, intendant du Limousin ; Levieillard de Passy ; Mme de Malesherbes, sa belle-sœur ; Mme de la Reynière, femme du fermier général ; la duchesse d'Enville, etc.

» Dans l'une de mes leçons, il fallut faire de l'antidote à la mode pour toutes ces belles dames, et de l'esprit de cochlearia pour la duchesse d'Enville qui, peu après, me chargea de dresser un laboratoire pour son fils. »

Le succès de Monnet fut grand, et ainsi qu'il le déclare lui-même, ce cours fut le commencement de « sa petite fortune et de son élévation, » en lui permettant de se créer des relations qui contribuèrent puissamment à la haute position qu'il occupa plus tard.

Monnet, dont les travaux avaient déjà été dirigés vers l'hydrologie minérale, résolut à la fin de son cours de Vaugirard, c'est-à-dire à la fin du mois de septembre 1766, d'étudier les eaux minérales d'Aumale et de Saint-Amand en Normandie. Il fit, à cette occasion, un assez long séjour à Rouen, où il se lia intimement avec M. de la Michodière, intendant de cette province, qui, précédemment, avait administré l'Auvergne en la même qualité.

Il publia, en 1768, son *Traité des eaux minérales*, puis l'année suivante, celui de la vitriolisation et de l'alunation. Ces deux ouvrages furent accueillis avec une faveur marquée et attirèrent sur leur auteur l'attention des savants officiels.

Monnet reçut alors de M. de Trudaine, directeur général des ponts-et-chaussées, la mission de se rendre en Belgique et en Allemagne, pour y étudier les mines et les hauts fourneaux.

La France se trouvait, à cette époque placée dans un rang des plus inférieurs. « Il y avait longtemps, dit, à ce propos, Monnet, que le gouvernement avait fait voyager, dans les vues d'étudier les meilleurs procédés pour les recherches des mines, des jeunes gens, chez l'étranger et surtout en Allemagne, où l'art de tirer bon parti des mines était pratiqué depuis bien longtemps, tandis que les autres nations étaient dans l'ignorance la plus grande à cet égard. Mais l'on n'avait pas encore tiré grand avantage de ces dépenses. Ces jeunes gens, sans talent et sans émulation, s'étaient amusés à manger l'argent qu'on leur avait donné, plutôt pour leur plaisir que pour leur instruction.

« Trois hommes, pourtant, avaient sur ce point secondé les vues du gouvernement, nous voulons parler de Duhamel et des frères Jars, dont l'aîné mourut jeune encore, à Clermont, à la suite d'une insolation, dont il avait été frappé en dessinant un groupe de rochers volcaniques à Saint-Yvoine, près d'Issoire. » Monnet continua avantageusement l'œuvre de ces savants ; aussi, à la suite de sa mission, le gouvernement voulant reconnaître ses services, l'appela-t-il aux importantes fonctions d'inspecteur général des mines. Il fut envoyé, en cette qualité, à Sainte-Marie-aux-Mines, où il traduisit la minéralogie de Cronstedt. A son retour, il se fixa à Paris, devint membre du Conseil des Mines et de plusieurs sociétés savantes, auxquelles il adressait de fréquentes communications sur la chimie et la minéralogie. L'important volume de copies de lettres écrites par lui à ses amis est parvenu jusqu'à nous, et nous fournit d'intéressants détails sur la société du XVIIIe siècle.

Monnet s'était marié deux fois. Sa première femme, ainsi qu'il nous l'apprend lui-même, appartenait à une « famille honnête de la ville de Nantes qui, soutenue par le commerce, comme le sont les meilleures maisons de la Bretagne, occupait des places de confiance dans la Compagnie des Indes. Elle était alliée à de la bonne noblesse de cette province et, de tous les côtés, honorablement environnée. »

Madame Monnet mourut, le 5 février 1779. Cette perte fut vivement ressentie par son mari, qui consacra à la mémoire de sa femme une notice pleine de cœur et d'émotion (1).

Le *Journal de Paris* publia aussi sur Mme Monnet un article nécrologique dû au publiciste Deleyre (2).

De cette première union, étaient issus un fils et une fille, dont il sera souvent question dans le récit que nous allons publier. Cette dernière, par sa beauté et son esprit, se fit remarquer de Châteaubriand, qui fut sur le point de l'épouser. Il lui conserva tout au moins un tendre sentiment, ainsi qu'on en jugera par le passage suivant :

« M. Monnet, directeur des mines, et sa jeune fille, envoyés par Mme Guinguené, venaient quelquefois troubler ma sauvagerie. Mlle Monnet se plaçait sur le devant de la loge ; je m'asseyais, moitié content moitié grognant, derrière elle. Je ne sais si elle me plaisait, si je l'aimais, mais j'en avais bien peur. Quand elle était partie, je

(1) *Eloge funèbre de Madame *** par son mari, 68 pages in-12, sans nom de lieu ni d'imprimeur.*

Cette brochure est rarissime ; nous n'en connaissons qu'un seul exemplaire appartenant à M. Paul Le Blanc, de Brioude.

(2) *Journal de Paris* du 27 février 1779.

la regrettais en étant plein de joie de ne la voir plus. Cependant, j'allais quelquefois, à la sueur de mon front, la chercher chez elle, pour l'accompagner à la promenade. Je lui donnais le bras, et je crois que je serrais un peu le sien (1). »

Dans une lettre à son ami, l'abbé Rozier, le célèbre agronome, Monnet nous apprend dans quelles conditions s'accomplit son second mariage : « En me disant que votre sœur et vous me blâmez souvent de mon mariage, mais que vous m'aimez toujours, vous touchez à une corde qui m'est sensible. Vous avez su, lorsque vous étiez à Paris, que j'avais des ennemis qui travaillaient sourdement à me faire déguerpir de ma place, pour s'en emparer. Mais, ce que vous avez ignoré, c'est qu'ils étaient presque arrivés à leurs fins. Le ministère, de qui je dépends, était totalement changé, et n'ayant, auprès du nouveau, aucune connaissance que je pus employer, que M. Thomas, écrivain, ami de Mme Necker, je fus obligé d'avoir recours à cette voie détournée pour y parvenir efficacement. Je jugeai nécessaire de devenir son ami, en épousant Mlle Moreau, de La Rochelle (2), amie elle-même de Mme Necker. Je suis parvenu à mes fins, c'est-à-dire à conserver mon emploi et mes appointements, sans lesquels mes enfants et moi eussions été réduits à la misère. Je ne prétends pas néanmoins me disculper entièrement ; peut-être qu'en m'y prenant autrement, j'aurais pu éviter de contracter cet engagement ; mais cette nouvelle épouse femme de lettres et fort connue par ses contes moraux, ne me sera pas autant à charge que vous le croyez. Elle

(1) *Chateaubriand. Mémoires d'outre-tombe*, 1860, *tome* 1, *page* 524.

(2) Mariette Moreau, née à La Rochelle en 1752 et fille d'un perruquier, avait pu, grâce à la munificence d'une grande dame qui l'avait prise en amitié, recevoir quelque éducation. Venue à Paris, elle se lia avec d'Alembert, Diderot, et la plupart des encyclopédistes. Elle mourut le 12 novembre 1798, laissant un grand nombre de romans et contes, aujourd'hui oubliés, parmi lesquels nous citerons : *Contes moraux*, ou *Récits du sage Caleb*, voyageur persan (Paris, 1772, in-12); *Lettres de Jenny Bleinmore* (Paris, 1787, 2 vol. in-12), etc., etc.

a déjà par elle-même un petit revenu ; elle est connue, d'ailleurs, de presque tous les hommes les plus célèbres de Paris, Diderot, d'Alembert, et protégée particulièrement du duc de Luxembourg, du baron de Montmorency et du prince de Soubise. »

Cette seconde union fut loin d'être heureuse, et après quelques mois de mariage, les deux époux durent se séparer. MadameMonnet continua à fréquenter les beaux esprits du temps et mourut jeune, laissant de nombreuses œuvres qui, malgré un certain mérite, n'ont pu sauver son nom de l'oubli.

Monnet trouva un dérivatif à ses chagrins domestiques dans la culture de son petit domaine, ainsi que nous le voyons dans une lettre écrite par lui à Madame du Theil : « Vous n'ignorez pas que j'ai toujours eu, pour le premier des arts, l'agriculture, le goût le plus décidé. C'est ce goût qui me fit entreprendre de conduire moi-même une petite ferme que je possède au Plessis-Chenest, près de Melun. Je n'y gagne pas autant qu'un fermier aurait pu le faire ; mais j'y gagne de passer mon temps sans le trouver trop long, ce qui est le plus beau comme le plus utile des secrets de la vie.

» Ce que je désirerais en ce moment, ce serait d'avoir un peu plus de terrain que je n'en ai. Je ne peux pas étendre ma culture aussi loin que je le voudrais, borné que je suis à un petit clos. Après y avoir mis autant d'arbres qu'il pouvait en contenir, il ne me reste plus, pour m'occuper agréablement, que d'en retrancher les branches superflues et celles qui sont mortes ; voilà qui vous prouve que, dans toutes les positions de la vie, il y a toujours quelque chose qui nous manque. Je passe, comme vous savez, les plus mauvais mois de l'année à Paris. C'est une autre manière de vivre. Il y a quelque temps que j'avais l'honneur de faire partie des assemblées de M. d'Alembert, mais la mort vient de l'enlever. »

Le volumineux recueil contenant la copie des lettres écrites par Monnet à ses amis, pendant une période de plus de trente années, présente un très grand intérêt pour le lecteur, en le mettant au courant de mille faits relatifs au XVIIIe siècle, imparfaitement connu, malgré de récentes études. Monnet n'est certes pas un styliste ; mais ses écrits, empreints d'une verve et d'une rudesse toutes auvergnates, d'une simplicité et d'une franchise que l'on est loin de rencontrer chez les prétentieux auteurs du temps, ses écrits offrent un charme réel aux curieux de l'histoire. Nous ne saurions pourtant, sans sortir des limites du cadre que nous nous sommes tracé, en donner de trop nombreux extraits, notre intention étant, au reste, d'en faire l'objet d'une publication spéciale.

Pendant cette période de sa vie, Monnet se lia intimement avec un grand nombre de personnages distingués. Parmi ses amis, dont il est le plus souvent fait mention dans sa correspondance, citons l'estimable et « tendre » Ducis, l'imitateur de Shakspeare ; le poète Roucher, l'auteur des *Mois;* Saint-Ange, le traducteur d'Ovide; le docteur Duchanoy, la spirituelle Mlle de Lespinasse, le journaliste du Rozoi, la capricieuse Mme Suard, et Suard, le vaillant publiciste, Deleyre, qui fut plus tard de la Convention, l'idéologue de Lisle de Salle, les deux Mongez, et enfin l'abbé Rozier. Mais, son ami le plus intime fut son compatriote, le clermontois Thomas, pour qui il avait une vive affection et avec qui il passait tous les instants dérobés à ses travaux.

Le savant chimiste n'était revenu que de loin en loin dans son pays natal, n'y possédant plus rien, après l'abandon fait à l'une de ses sœurs, de sa part dans l'héritage paternel, consistant en vignes évaluées à 2 ou 3,000 livres. Il avait cependant parcouru l'Auvergne, à diverses reprises, et notamment en 1772, 178-, 1785, 1788, pour étudier la constitution de son sol. Il était, de plus, resté en correspondance épistolaire très suivie avec les hommes distingués de ce pays; et, parmi ses meilleurs amis d'enfance, nous citerons l'abbé Delarbre, curé de Royat, botaniste de mérite, auteur de la *Flore d'Auvergne;* le chimiste Mossier; Ozy, pharmacien, de Clermont, l'inventeur d'un biscuit perfectionné pour la marine, etc., etc.

Peu de temps après sa fondation, la Société littéraire de Clermont avait tenu à honneur de décerner à Monnet le titre de membre non résidant, ainsi que nous l'apprend une lettre de remerciements écrite au docteur Duvernin, de Vic-le-Comte, par le récipiendaire qui proteste de son attachement pour la terre natale.

En 1786, la santé de sa fille exigeant un traitement au Mont-Dore, Monnet fit, en Auvergne, le voyage dont on va lire le récit. En 1793, il y revint encore, chargé, par le gouvernement de la Convention, d'une mission ayant pour objet d'activer, dans le bassin de Brassac, l'exploitation de la houille et de la diriger en toute hâte sur Paris par l'Allier, la Loire et le canal de Briare. Le savant inspecteur général des mines remplit cette mission de confiance, avec la plus haute distinction, grâce à sa compétence sur toutes les questions relatives à l'industrie minière et à sa connaissance parfaite des mœurs de ses compatriotes (1).

Le commissaire de la Convention passa plus d'un an en Auvergne. A son retour à Paris, vers le milieu de 1794, il conserva, à grand'peine, son emploi, lors de la réorganisation du corps des Mines, et vécut, dès lors, dans une retraite absolue.

Parvenu à un âge avancé, il ne perdit rien de l'originalité de ses manières ni de son activité; il s'occupait incessamment de recherches nouvelles et de la rédaction d'observations multiples, apportant fréquemment au Con-

(1) V. VOYAGE DE MONNET, *inspecteur général des Mines, dans la Haute-Loire et le Puy-de-Dôme* (1793-1794), publié par Henry Mosnier. Le Puy, 1875, 1 vol. in-18.

seil des Mines des mémoires sur ses voyages, des analyses chimiques, etc.

Monnet mourut à Paris, le 23 mai 1817.

Il était membre des académies de Stockholm, Rouen, Turin, et de plusieurs autres sociétés savantes. La rudesse de son caractère mit souvent obstacle à son élévation. Son ami Deleyre le définissait ainsi : « C'est un homme distingué par ses talents et remarqué par cette brusque franchise qui fait manquer ou perdre la fortune pour la probité ; un homme qu'on estime, ou qu'on outrage, ou qu'on néglige (1). » L'énumération de ses principaux ouvrages, que nous donnons ci-après (2), montre suffisamment le mérite de ce laborieux naturaliste qui fut, dans toute l'acception du mot, l'artisan de sa fortune et que l'on peut placer au nombre des savants les plus distingués de la seconde moitié du XVIIIe siècle.

Les manuscrits de Monnet se trouvent, à Paris, à la bibliothèque de l'Ecole des Mines, où nous avons eu la bonne fortune de les retrouver et de pouvoir prendre copie de quelques-uns d'entr'eux, parmi lesquels, le *Voyage dans la Haute-Loire et le Puy-de-Dôme* (1793-1794), que nous avons édité il y a quelques années, et le récit que nous publions aujourd'hui.

Ce dernier, sans présenter un intérêt de premier ordre et quoique écrit en un style familier, souvent même assez négligé — comme écrivait toujours Monnet — contient assez de renseignements curieux, sur la vie provinciale à la fin du XVIIIe siècle et sur l'une des stations thermales les plus fréquentées à cette époque, pour mériter les honneurs de l'impression.

(1) *Journal de Paris*, du 27 février 1779.

(2) *Pièces justificatives*, n° II.

LES

BAINS DU MONT-DORE

EN 1786

Il y avait déjà quelque temps que j'avais formé le projet d'aller faire un voyage en Auvergne, pour voir mon fils, que mon frère avait emmené chez lui à Vic-le-Comte pour l'élever, à l'époque malheureuse où j'avais perdu sa mère, et que je n'avais pas revu depuis. Je me disposais à me mettre en route, lorsque je reçus une lettre de Monsieur Bertin, le ministre dont je dépendais, m'invitant à aller me concerter avec M. le duc de Charost (1), qui croyait avoir découvert une mine de charbon dans une de ses terres, en Berry. C'était à Saint-Amand (2), lieu qui pourtant ne me paraissait pas de nature à renfermer de telles mines. Mais, le grand désir que l'on a d'une chose fait que souvent on se persuade ce qui n'est pas et même ce qui ne peut pas être.

Le Berry, cette vaste province qui n'était, au temps de Charles VII, de Louis XII et même de François Ier, qu'une immense forêt, a vu disparaître entièrement ses bois

(1) C'était un homme de progrès et un philanthrope. Il s'était associé au comte de Thélis, pour la fondation d'orphelinats destinés à recueillir des enfants pauvres et sans famille, à en faire de bons ouvriers et de bons soldats. Le premier de ces établissements fut installé, sous le patronage du gouvernement, à Issy, et nommé *Ecole nationale militaire*.

(2) Saint-Amand-Montrond, chef-lieu d'arrondissement (Cher).

depuis l'établissement des forges nombreuses installées après la découverte d'une grande quantité de minerai de fer. Le duc de Charost éprouvant lui-même l'inconvénient qui résulte du manque de bois et désirant d'ailleurs augmenter le produit de ses terres, était plus empressé que personne à la découverte d'une mine de houille. Voilà pourquoi, sur quelques signes équivoques, il s'était persuadé qu'on pourrait trouver une mine de charbon dans sa terre de St-Amand.

Parmi les seigneurs de ce temps-là, le duc de Charost était reconnu pour un des plus bienfaisants, et il avait ainsi disposé tout le monde à seconder ses vues philanthropiques. Nous verrons bientôt qu'il s'était trompé dans ses espérances. L'on peut dire d'ailleurs que son ignorance égalait sa bonté. Il était bien de cette ancienne noblesse française qui se vantait de ne savoir ni lire ni écrire. Mais, dans le monde, on passait volontiers là-dessus en raison de ses bonnes qualités.

A cette époque je n'étais pas le seul sur qui il comptât pour seconder ses vues bienfaisantes. Le Berry est un pays trop plat pour être riche en eaux de sources; aussi le duc cherchait-il depuis longtemps le moyen d'en découvrir.

Il y avait, en ce temps, un homme de l'ignorance la plus crasse, qui, se vantant de voir les sources à travers les rochers et d'avoir reçu ce don du ciel, s'était fait une certaine réputation basée sur ses découvertes de plusieurs sources au moyen d'une baguette divinatoire. Cet homme nommé Bletton (1) ne manqua

(1) Bletton fit, soit au Luxembourg, soit à l'aqueduc d'Arcueil, en présence de M. Guillaumot, intendant général des bâtiments du roi, des expériences concluantes. La sensation qu'éprouvait cet hydroscope consistait en symptômes nerveux spasmodiques et convulsifs, se manifestant par la rotation d'une baguette de bois supportée par ses deux index. Il prétendait aussi trouver les mines de charbon, et fit, aux environs de Paris, différentes recherches qui l'emmenèrent à la découverte d'un filon à Luzarches.

M. Touvenel, également recommandable comme chimiste, physicien et médecin, a publié, sur le système de Bletton, une étude dans laquelle il montre des rapports évidents entre la baguette divinatoire, le magnétisme et l'électricité.

Sur le même sujet, voir aussi : Chevreul, *de la Baguette divinatoire, du pendule dit explorateur et des tables tournantes au point de vue de l'histoire.* Paris, 1854, 1 vol. in-8°.

pas d'attirer l'attention du duc de Charost; car c'est le propre des hommes simples et ignorants de croire à tous les charlatans et à tous les bateleurs. Il est vrai que celui dont nous parlons se distinguait de tous ses prédécesseurs en ce qu'il avait le bonheur d'être accompagné d'une espèce de savant nommé Touvenel. Ce docteur, qui s'était rendu ridicule et même méprisable parmi les médecins ses confrères, en s'attachant à faire valoir le prétendu don de son associé Bletton, avait fortifié sa réputation à ce point que beaucoup de gens instruits, qui avaient regardé comme absurde ce prétendu don de la baguette divinatoire, étaient revenus de leur première impression ou ne savaient trop qu'en penser. Aussi, l'on ne s'étonne pas de voir le duc accueillir cet homme et son truchement, mieux que personne, par suite du besoin qu'il en avait.

Je me trouvai donc comme associé en ce moment avec ce découvreur de sources. Il devait partir au plus tôt, pour faire jouer sa baguette. Si j'avais su que ce duc m'associait ainsi avec cet homme, ou du moins me mettait sur la même ligne, ma répugnance eût été assez grande pour me faire refuser cette mission.

J'ai donné une idée de la simplicité et de l'ignorance du duc, il faut que j'en donne une du peu d'égards qu'il montrait pour les hommes attachés aux sciences. J'avais bien ouï dire qu'il mettait sur la même ligne l'ignorant et le savant, l'artiste et l'ouvrier, mais je ne savais pas qu'il les reçût peu poliment. Je devais pourtant en faire l'expérience. En effet, quoique je lui eusse été adressé par M. Bertin, le ministre, et que, par ce seul motif, il eût dû me faire des honnêtetés, il me reçut avec un froid glacial et ne m'engagea pas à m'asseoir. J'allais m'en retourner, lorsque l'idée me vint que je pourrais indisposer, par là, le ministre de qui je dépendais, et je m'approchai un fauteuil sur la fin de l'entrevue. Je le priai de m'écrire les renseignements et les explications qu'il avait à me fournir.

L'engagement que je venais de contracter modifiait tous mes projets de voyage, car au lieu de suivre mon chemin en droite ligne pour aller en Auvergne, je fus obligé de prendre par le Berry, c'est-à-dire de passer par Orléans et la Sologne, un des pays les plus stériles de la France. Je n'étais pas absolument fâché de ce contre-temps, puisqu'il me procurait l'occasion de faire voir à ma fille plus de pays que je ne l'aurais fait sans cela. Il n'y avait que le supplément de dépense qui pouvait me causer quelque peine, mes finances étant toujours fort basses.

Cependant ayant été obligé de faire faire quelques réparations à ma chaise, je ne pus me mettre en route que vers le milieu du mois d'août. M'étant bien promis de tirer de ce voyage le meilleur parti possible, tant pour l'instruction de ma fille que pour mon plaisir particulier, je résolus d'aller droit à Malesherbes, sachant que j'y trouverais seul le bon et respectable maître à qui je devais tant de reconnaissance et que j'avais tant sujet d'aimer (1). Comme il faisait beau et que les chemins étaient secs, je n'avais pas besoin pour y arriver de prendre par Fontainebeau. Je devais passer par Milly qui est à 4 lieues du Plessis, mais comme c'était là un chemin de traverse, le maître de poste d'Essones s'y refusa, à moins que je ne consentisse à lui payer une somme énorme. Je fus donc obligé, malgré moi, d'aller par Fontainebleau, c'est-à-dire de faire dix lieues de plus et nous n'arrivâmes à Malesherbes que le soir. Quoique ce château ne soit qu'à deux pas du bourg, le maître de poste exigea absolument que je lui payasse une poste, me disant que c'était l'usage. Ce procédé me donna de l'humeur que dissipa bientôt la vue du bon Malesherbes qui nous reçut avec toute l'amitié qu'il m'avait marquée autrefois, malgré qu'on lui eût dit tout ce qui pouvait l'en détourner. Il fit surtout beaucoup d'amitiés à ma fille qu'il trouva charmante et dont il prit la plus haute estime, en lui voyant parcourir des yeux les tableaux de sa famille qui entouraient la salle et dont elle voulait avoir

(1). Malesherbes (Guillaume de) fils du chancelier de Lamoignon, né à Paris en 1721, fut ministre puis défenseur de Louis XVI, et mourut sur l'échafaud, en 1794. Il s'était retiré à la campagne en 1776, à la suite de sa démission de ministre de l'intérieur, ses conseils tendant à l'abolition des lettres de cachet n'ayant pas été écoutés.

l'explication. Je me plus à lui faire remarquer le portrait du grand Lamoignon, premier président du Parlement de Paris, ami de Boileau et protecteur des hommes de lettres. Pendant ce temps-là, M. de Malesherbes épluchait et triait ses graines. C'était son occupation depuis quelque temps. Il était absolument seul mais ne s'ennuyait pas, comme quelques désœuvrés de Paris se l'imaginaient.

Bientôt il m'en convainquit de manière à ne me laisser aucun doute. En attendant qu'on nous préparât un petit dîner, car depuis longtemps il avait fait le sien, il prit ma fille par la main, et nous mena dans une partie du parc, où il me montra les nouvelles expériences qu'il faisait sur les plantes susceptibles de croître ou de ne pas croître sans contact avec l'air, après avoir été mises sous des cloches. Il me fit voir que les unes s'étiolaient, tandis que d'autres croissaient comme à l'air libre : « Voilà, me dit-il, des expériences que personne n'avait encore tentées et qui en valaient certainement la peine. Cela fera l'objet d'un mémoire particulier pour l'Académie des Sciences. »

Après cela, il nous mena dans son bosquet d'arbres étrangers qui peuvent croître sous notre ciel. Ce bois qu'il avait planté lui-même, pendant que son père, le chancelier, exilé en son château, ignorait quels pouvaient être les passe-temps de son fils dans la petite habitation qu'il s'était créée à Malesherbes même, ce bois était justement ce que je désirais le plus de visiter, ne l'ayant pas vu depuis 1772, époque à laquelle M. de Malesherbes était exilé lui-même, ainsi que la Cour des Aides dont il était premier président, par suite de la révolution faite par le fameux chancelier Maupeou dans toutes les parties de la magistrature. Ce petit bois me parut enchanteur, car depuis que j'avais acquis ma petite propriété et m'étais occupé à y planter aussi des arbres, la vue d'un beau parc était un de mes plus grands plaisirs. Ce qui me charma le plus parmi les arbres que j'avais vus si petits, fut l'artichaut, arbre d'Afrique, contre lequel M. de Malesherbes avait été obligé d'établir une espèce d'échelle ou d'escalier pour pouvoir monter à sa cîme en tout temps, pour en admirer le feuillage et les fleurs qui, en s'écartant, laissaient entr'elles une place où l'on pouvait s'asseoir. Cet arbre, alors en pleine floraison, était merveilleux à contempler. Sa fleur très grande était d'un bleu foncé. M. de Malesherbes voulut que ma fille montât l'escalier pour l'admirer plus à son aise.

Ces petites courses nous amenèrent au moment du souper, au lieu de celui du dîner, mais nous n'en eûmes que plus d'appétit. Pendant que nous mangions de si bon cœur, enchantés de la bonne réception de l'aimable maître du château, celui-ci s'occupait de nouveau à éplucher ses graines.

Je ne dois pourtant pas oublier de rapporter une espèce de prédiction que M. de Malesherbes fit à ma fille en remontant au château et en la ramenant sous le bras comme une grande dame. J'entendis qu'il lui disait, je ne sais à propos de quoi, qu'elle ne serait jamais riche mais que jamais aussi elle ne serait dans le besoin. Cela ressemblait fort à une prédiction qu'on m'avait faite lorsque j'étais encore fort jeune et dont je fus très frappé. Je le suis encore plus aujourd'hui que les prédictions se sont réalisées tant à mon égard qu'à celui de ma fille. Nous vivons, mais assez difficilement. Il est vrai qu'elle aurait pu mieux faire, en épousant un homme de mon état, mais elle voulut suivre son goût.

Etant extrêmement pressé, j'avais donné mes ordres au maître de poste pour partir le lendemain à la pointe du jour; nous souhaitâmes le bonsoir à M. de Malesherbes pour ne pas le revoir de longtemps. Je ne l'ai, en effet, revu qu'une autre fois, avant que sa mort funeste vînt annoncer au monde étonné la barbarie et l'ingratitude des hommes qui gouvernaient la France au temps de la révolution.

De Malesherbes je me fis conduire à Pithiviers et, de là, je fis prendre le chemin d'Orléans. Mais, n'ayant rien mangé, je fis arrêter à l'auberge du premier village, où je me régalai d'un vin délicieux. J'en bus même un peu trop, ainsi que ma fille, au point de nous en étourdir. Comme l'hôte de cette petite auberge m'assurait qu'il passerait dans peu de jours par le Plessis pour aller à Paris avec un chargement de ce bon vin, je convins avec lui qu'il m'en déchargerait une feuillette, en passant devant ma porte, et que mon jardinier la recevrait. J'étais si persuadé qu'il n'y manquerait pas que je voulus le payer d'avance, ce qu'il refusa en me disant qu'il aurait toujours le temps de toucher cet argent dans le cours de cette année, car il devait faire plusieurs voyages pareils à Paris. Mais, je n'ai plus entendu parler de cet homme et j'ai été frustré dans mon espérance.

Nous arrivâmes d'assez bonne heure à Orléans pour que ma fille pût voir ce qu'il y a de plus remarquable dans cette ville. Le pont l'intéressa surtout et, à cette occasion, je lui rappelai les faits principaux de l'histoire d'Orléans, ne manquant pas de lui parler de l'héroïne Champenoise. « C'est ici, lui dis-je, que cette fille extraordinaire montra ce que peuvent le courage et la constance soutenus par un zèle ardent. » . . .

. . . .

. . . . . Nous partîmes le lendemain de fort grand matin pensant arriver à Bourges vers le soir : nous ne pûmes pourtant atteindre cette ville qu'après avoir couru toute la nuit. A peine y avait-il quelqu'un de réveillé dans la bonne auberge où le postillon nous mena. Nous eûmes plus envie de déjeuner que d'aller nous mettre au lit. L'hôtesse, excellente femme, s'apercevant que ma fille était à peu près de l'âge de la sienne, obligea celle-ci à se lever bien vite pour tenir compagnie à ma chère Marguerite et l'amuser. Le premier amusement fut de donner à manger à une grande bande de poulets qui étaient dans une mue. Voyant ma fille en si bonne compagnie, je fus, sans difficulté, à mes affaires, consistant, d'après les instructions que m'avait données le duc de Charost, à me concerter avec des fermiers habitant cette ville, à l'effet d'aller avec eux sur un terrain faisant partie de leurs fermes pour y examiner une mine d'ocre jaune (1) que le duc croyait y être et qui, selon lui, devait faire l'objet d'une spéculation particulière. J'avoue que jusque-là je n'avais pas eu occasion d'ob-

(1) Argile colorée par le fer hydraté. On l'emploie dans la peinture.

server de mines de cette nature, aussi étais-je bien désireux de voir celle-là.

M'étant procuré un cheval, je suivis ces fermiers qui, en vertu de leur bail, prétendaient avoir droit à cette exploitation qui ne rentrait ni dans les catégories des mines de charbon, ni dans celle des mines métalliques. Le lieu où je me rendais était situé à 5 grandes lieues de Bourges et il fallait traverser un pays qui n'était sillonné que par des sentiers. Je n'arrivai que vers une heure et fus très surpris de voir un des plus beaux châteaux que l'on puisse imaginer. Quand je me fus aperçu qu'il était bâti sur un terrain marécageux et n'était entouré, ni d'un parc, ni d'un jardin, ma surprise fut encore bien plus grande. Il est vrai que j'observai que ce château était nouvellement bâti, on n'avait pas encore eu le temps d'y ajouter les accessoires convenables. Je fus convaincu que la mort du constructeur ou du propriétaire avait fait arrêter les travaux ; l'ameublement était aussi incomplet ; la salle à manger et quelques chambres étant seules prêtes à recevoir des hôtes. Mais, mon étonnement fut plus grand encore, en apprenant que ce n'était pas là que je devais découvrir cette mine d'ocre, que le duc de Charost s'était trompé et m'avait donné une fausse indication. Les fermiers que j'avais vus à Bourges étaient aussi ignorants et ne comprenaient pas ce que je voulais leur dire. Un de ceux que je n'avais pas encore vus, m'apprit que cette mine se trouvait au delà de Bourges, sur la route que j'avais suivie pour arriver à cette ville et qu'effectivement elle dépendait de la même ferme.

Je donnai à tous les diables le duc de Charost comme un franc ignorant. « Voilà bien, me dit un vieux domestique qui me recevait à la porte, voilà bien nos grands seigneurs de l'ancien régime qui ont toujours besoin de leur intendant, pour s'assurer de ce qu'ils doivent dire. » Mais, me voilà bien mal à propos venu fort loin : que vais-je faire, que vais-je devenir si le maître de ce château ne m'accueille pas, car il n'y a ici ni auberge, ni village où je puisse me rafraîchir et me reposer ainsi que mon cheval ?

Tout en me livrant à ces réflexions, j'entendis les débats qui avaient lieu entre le maître du château et ses fermiers. Je demandai au vieux domestique le motif de cette contestation. Il me répondit qu'il s'agissait d'un renouvellement du bail et que comme le maître demandait une augmentation sur les 40,000 livres qu'on lui payait déjà depuis longtemps, les fermiers voulaient obtenir des jouissances que le seigneur refusait d'accorder.

Après une longue attente, impatienté de l'indolence de ce domestique, je lui dis : « Allez demander à votre maître s'il veut me recevoir, oui ou non. » Le seigneur vint alors, et me faisant des excuses, me pria d'attendre encore un petit instant. Il faisait fort beau, et, pour passer mon temps, je m'avisai d'aller secouer un petit abricotier que je voyais de loin chargé de fruits d'un beau jaune. Le jardinier ne trouvant pas cela à propos, voulut s'y opposer, mais je lui signifiai que je voulais me rafraîchir, attendu que je n'avais pas encore déjeuné, et il se retira, sans rien dire de plus.

Comme je rentrais de mon expédition, je vis venir à moi avec une serviette sous le bras un domestique qui m'invita à me mettre à table. Je le suivis et trouvai déjà installés huit fermiers et le clerc d'un notaire venu pour rédiger le nouveau bail. Le maître qui m'attendait pour s'asseoir me fit de nouvelles excuses sur le retard qu'il avait mis à m'offrir l'hospitalité. Il se nommait Drouet (1), si je ne me trompe, était fermier-général et neveu d'un autre fermier-général extrêmement riche qui avait eu la folie de faire bâtir cet immense château avec d'autant plus de frais qu'il avait fallu faire venir la pierre de très loin. Mon hôte blâmait fort son oncle de cette fantaisie et les fermiers partageaient son avis sur ce point, ajoutant qu'il aurait mieux valu bâtir des granges indispensables pour l'exploitation de leurs fermes. Sur ce thème, la conversation dura longtemps, mais le maître ne dit plus rien, occupé

(1) Sur Drouet de Saint-Amand, V. A. Delahante. *Une famille de finance au XVIIIe siècle. Paris*, 1881, *tom.* II, *passim.*

qu'il était à faire ses honneurs. Ce repas me parut si extraordinaire que je crois bon d'en dire encore quelques mots. Douze convives de plus eussent pu sans peine se rassasier ; car selon l'usage, ainsi qu'on me le fit observer, chaque fermier avait apporté pour ce festin une pièce de gibier. Au centre de la table, était placé un chevreuil rôti en entier ; puis, tout autour, selon les règles de la symétrie, trônaient 3 à 4 lièvres rôtis, pareil nombre en civet, 3 ou 4 dindons et 2 ou 3 cochons de lait. J'avoue qu'à cette vue je me réjouis fort d'avoir une si belle occasion de satisfaire mon appétit glouton et cela avec d'excellentes choses que j'aimais beaucoup. Je me repentis alors de m'être chargé l'estomac avec des abricots.

Mon étonnement fut bien plus grand encore quand je vis substituer au chevreuil un grandissime plat de truites saumonées et un autre de grosses écrevisses. Ces deux mets flattaient trop ma gourmandise pour que je ne me reprochasse pas d'avoir trop mangé de tout ce qui avait paru sur la table.

Il ne fut que fort peu question de l'objet de mon voyage ; un des fermiers dit seulement qu'il croyait à l'existence sur sa ferme de cette mine d'ocre, que si je voulais, il me mènerait chez lui, et que le lendemain il me ferait visiter lui-même l'emplacement de cette mine. Je le remerciai en lui disant que j'étais trop pressé, et que puisque le duc de Charost s'était si fort trompé dans ses indications, je renvoyais cet examen à un autre temps.

Le fermier-général, apprenant alors mon nom et ma qualité, et sachant que pour les mines je dépendais de M. Bertin et, pour les forges, de M. Trudaine (1), eut pour moi les plus

(1) Trudaine (Daniel) fils d'un ancien prévôt des marchands de Paris naquit en 1703. Intendant de la généralité de Riom de 1730 à 1734, il s'occupa avec zèle d'améliorer les routes de l'Auvergne. Il fut ensuite appelé au Conseil d'Etat, puis aux fonctions de directeur-général des ponts et chaussées. Il signala son passage à la tête de cet important service par la création, à Paris, d'une école destinée à former des élèves ingénieurs et de réunions d'ingénieurs qui furent le germe du Conseil supérieur des ponts et chaussées. Il eut pour successeur son fils Trudaine de Montigny. Voyez *Etude historique et statistique sur les voies de communication en France par M. Félix Lucas* et aussi *Etudes sur les travaux publics, routes, chemins, par M. H. Blerzi, dans le n° de* la Revue des Deux Mondes *du* 1er *juin* 1878.

grands égards et voulut lui-même me montrer son énorme château me faisant voir ce qu'il y avait de défectueux dans cette construction.

Je remontai ensuite à cheval, un peu inquiet sur ce qu'était devenue ma fille pendant mon absence. Mais, j'eus la satisfaction d'apprendre qu'elle avait fort bien passé son temps. L'aubergiste l'avait fait manger avec elle et sa fille, l'avait menée dans de fort bonnes maisons, où elle s'était beaucoup amusée avec de jeunes demoiselles de son âge. Elle avait appris qu'à la cathédrale se trouvait un objet digne de sa curiosité; aussi dus-je l'assurer qu'elle ne quitterait pas Bourges sans l'avoir vu. C'est un calvaire qui est situé dans un souterrain et dont toutes les figures sont de grandeur naturelle. Nous y fûmes, le lendemain matin, après le déjeuner, accompagnés de la petite camarade de Marguerite. Cette fille de notre hôtesse nous fut fort utile, car elle avertit le bedeau qui accourut d'autant plus vite qu'il espérait avoir la pièce, selon l'usage. Cependant un guide est presque inutile, car ce calvaire n'est point fermé et on peut y descendre à toute heure. Sans autre lumière que celle du jour, on y voit assez clair pour distinguer tous les objets, car des œils de bœuf sont placés au rez-de-chaussée, au pied des murs de la cathédrale. C'est vers le levant que se trouve ce calvaire et je fus très aise de le voir, car aucun écrivain n'en a jamais fait mention. Ce monument mérite toute l'attention du curieux et du naturaliste. Après une rapide inspection, je me convainquis que ce qui avait déterminé à à bâtir ici ce vaste édifice est une vaste bosse élevée de quelques pieds au-dessus du terrain environnant et formée de cette pierre solide, que j'appelle, dans mon *Nouveau système de minéralogie,* pierre tuffacée. Cette pierre blanche, composée de pierre et de sable, se laisse tailler avec la plus grande facilité à sasortie de la carrière et durcit à l'air.

Les statues de grandeur naturelle causèrent d'abord une impression d'effroi à ma fille qui ne s'attendait pas à pareil spectacle. Saint Pierre surtout lui fit peur, avec son visage coloré en rouge et sa longue barbe noire. Il est visible que toutes

ces figures ont été taillées dans lieu même et aux dépens des plus épais de ces bancs. . . . .
. . . . Je ne me souviens pas trop du motif qui me retint toute la journée à Bourges, quoique j'eusse déclaré que j'étais très pressé et que je n'eusse pas voulu suivre le fermier chez lui. Mais, je ne dois pas négliger de rapporter qu'étant à table à l'auberge, nous apprîmes ma fille et moi que l'auberge isolée sur la route, où notre postillon avait tant insisté pour nous faire passer la nuit, renfermait deux voleurs, scélérats de la pire espèce poursuivis depuis longtemps par la maréchaussée. Ils en avaient été enlevés au point du jour, non sans effusion de sang.

Le lendemain, dès l'aurore, les chevaux de poste se trouvèrent à la porte de l'auberge et nous partîmes pour Charost, où je pensais rencontrer le seigneur de ce nom; mais nous n'y trouvâmes qu'un concierge qui ne sut pas me dire deux mots relatifs à l'objet de ma mission. Je voyais surtout que ce qui l'embarrassait était de voir avec moi une petite demoiselle. Je compris qu'il y avait là quelque méprise, et me ressouvenant que le duc de Charost, ayant engagé Bletton à venir dans ce même endroit, découvrir des sources, je compris que le susdit concierge ne reconnaissait pas en moi le découvreur de sources, dont il avait le signalement. Je lui dis qui j'étais et ce qui m'amenait; mais comme il me répondit que le duc ne lui avait donné aucun ordre me concernant, j'ordonnai au postillon de tourner bride, ce qu'il fit non sans pester contre le concierge qui ne lui offrait pas un verre de vin, comme il prétendait que c'était l'usage quand on avait conduit loin de la grande route.

... Cependant ma fille fut très fâchée que ce brusque départ l'eût empêchée de considérer, tout à son aise, ce vieux château, ses tours et son pont-levis; car, malgré son jeune âge, tout ce qui lui rappelait l'ancienneté ou le vieux temps lui plaisait beaucoup. Elle trouvait là une image de ce qu'elle avait lu dans les contes des fées et les *Mille et une Nuits*.

Quant à moi, il me parut fort singulier qu'un château qui était le berceau de la famille du duc et dont il portait le nom ne fût pas mieux entretenu. Mais comme me le dit le concierge, il avait un château bien plus beau et bâti à la moderne. Il s'y trouvait en ce moment, aiusi que sa nouvelle épouse qu'il avait promenée dans toutes ses possessions. C'était là, me dit-il, que je devais aller trouver Monseigneur, après m'être acquitté de la mission que j'avais à remplir à Saint-Amand. Mais tel n'était pas mon projet. J'étais trop mécontent du duc pour prendre cette peine et faire cette dépense.

Le postillon était de si mauvaise humeur qu'il désirait arriver au plus vite à Saint-Amand ; aussi allait-il comme le vent, sans avoir égard, malgré mes observations, au mauvais état des chemins. C'est à cette vitesse, je crois, que nous dûmes d'échapper à un grand danger ; car, en effet, une des roues porta un instant en l'air sur un précipice. Ma fille s'en aperçut et poussa un cri ; mais heureusement le pas était passé.

A Saint-Amand ma fille trouva encore, dans la fille de l'aubergiste, une petite camarade qui se prêta tout de suite à ce qui pouvait lui être agréable. Il était, je crois, une heure, et n'ayant rien pris jusque-là, nous fîmes un petit repas fort utile. Puis je me rendis à mes affaires, c'est-à-dire à l'objet principal de mon voyage en ce pays, pendant que cette petite fille menait Marguerite au château, où elle avait une amie de son âge.

Ce château est sur une petite élévation non loin de la ville. Il était occupé par une dame veuve, qui n'en était que la locataire et qui était une personne assez commune.

Quant à moi, j'avais à savoir exactement où était le lieu que le duc de Charost m'avait indiqué comme renfermant des marques de l'existence de mines de charbon. Après informations, je sus que c'était sur une côte dominant la ville à l'Est. J'y montai aussitôt et je vis que les prétendus signes annonçant la présence de la houille ne consistaient que dans des taches brunes de la craie, taches fréquentes dans cette terre et que l'on voit souvent ailleurs. Ces taches dues au voisinage de tourbes sont d'autant plus sensibles dans cette terre qu'elle est plus blanche.

Jusqu'ici, nous n'avons jamais rencontré dans de pareils terrains de signes annonçant l'existence de la houille. La craie a presque toujours été la preuve certaine de l'inexistence de ces sortes de mines; et nous remarquerons ici que ceux qui se sont obstinés à vouloir en trouver dans ce terrain ont toujours été dupes de leur erreur. Je citerai, par exemple, un Tubœuf, qui s'y est ruiné complètement et est allé mourir misérablement à Saint-Domingue, où il espérait toujours découvrir des mines.
. . . . Ma tâche terminée, je vins prendre ma fille que sa nouvelle compagne quitta avec peine. Ne pouvant pas avoir de chevaux de poste, nous fûmes obligés d'attendre le lendemain pour partir. C'est ce qu'on me conseilla d'ailleurs, puisque j'avais l'intention d'aller droit à Montluçon. Mon désir était de me rendre de là, dans la même journée, à Riom ; car j'avais entendu dire que cela pouvait se faire. Mais je vis bientôt que j'éprouverais plus de difficultés que je ne l'avais supposé.

Ce chemin de traverse et non de poste est un des plus mauvais et des plus difficiles qu'il y ait en France et, d'après les règlements, le maître de poste était en droit de nous refuser de nous conduire et de nous imposer ses conditions, sans que nous puissions avoir recours à qui que ce fût. C'est ce que j'appris avec grande peine en arrivant à l'auberge, où l'on me dit que je n'avais d'autre parti à prendre que de m'adresser au maître de poste. Mon désappointement fut grand en apprenant qu'il ne pourrait me faire conduire que dans trois ou quatre jours. Cela me jeta dans un embarras inexprimable. Nous étions déjà au commencement de septembre et je savais qu'aux eaux du Mont-Dore le traitement cesse vers le 15 de ce même mois. Je fus presque tenté d'aller faire ma saison à Bourbon-l'Archambault, non loin de Montluçon. Je pensais que ces eaux, jadis les plus renommées de la France, feraient à ma fille le même bien, leur nature étant à peu près la même que celle des eaux du Mont-Dore. Mais, en réfléchissant au

but que je m'étais proposé en quittant Paris, c'est-à-dire de voir mon fils et de le ramener avec moi, et en pensant que ce but ne serait pas rempli, mon indécision redoublait. Me voir arrêté ainsi dans une auberge me paraissait désolant et augmentait mon supplice. A la vérité, nous étions très bien logés et très bien nourris, chez une femme dont la fille était aussi complaisante que possible pour la mienne. Pour l'empêcher de s' ennuyer, elle l'emmenait fréquemment dans un grand jardin; où se trouvaient encore beaucoup de prunes et d'abricots. Enfin, il vint à l'idée de cette femme de faire conduire ma fille chez un marquis qui passait pour le plus riche gentilhomme de la ville. Il était veuf depuis plusieurs années et avait de très jolis enfants : deux filles et un garçon tout-à-fait aimables. Je voulus, par moi-même, m'assurer que ma fille serait aussi bien reçue que l'aubergiste me l'assurait et je trouvai que ce qu'elle m'avait dit était conforme à la vérité. Le marquis se trouvait depuis quelques jours à la campagne; sa maison et ses enfants étaient sous la garde d'une gouvernante du meilleur ton et des plus gracieuses. Je fus enchanté de cette heureuse rencontre et regrettai bien fort de n'avoir pas plus de temps à laisser Marguerite dans cette maison distinguée. . . . .
. . . . Je reçus enfin l'agréable nouvelle que nous partirions le lendemain au petit jour. C'était le quatrième de mon attente et l'on peut se figurer la joie que j'éprouvai! Ma fille était pressée de voir son frère qu'elle ne connaissait presque pas, car ils s'étaient séparés, après la mort de leur mère (1), l'un pour aller en Auvergne et l'autre chez sa tante à Dreux; ma fille, dis-je, quitta sans trop de peine ses jeunes amis.

Le maître de poste m'assura alors que son fils lui-même nous mènerait et s'arrêterait pour une halte dans un domaine qu'il avait à six ou sept lieues de Montluçon et où nous trouverions des œufs et du lait pour nous régaler. Il y en avait là plus qu'il n'en fallait pour rendre ce départ agréable à ma fille.

(1) En 1779.

Le temps toujours fort beau devait encore rendre notre voyage fort intéressant, surtout pour moi qui voulais le faire en minéralogiste.

Il y avait longtemps que j'avais entendu parler de la Combraille (1) comme d'un pays tout neuf à ce point de vue. Je m'étonnai qu'un petit canton comme celui-là, placé entre le Bourbonnais, la Marche et le Berry et faisant suite à l'Auvergne, ne fût pas mieux connu. Cependant, en le considérant attentivement, j'en pris une autre idée. Il me parut isolé, peu passager et sans cours d'eau, si ce n'est pourtant quelques ruissseaux ou plutôt des torrents terribles en temps de pluie et lors de la fonte des neiges. On y compte cependant quelques villes remarquables, telles que Evaux et Montaigut que l'on regarde comme sa capitale. Cette petite contrée sans industrie et sans commerce convient beaucoup aux gens qui n'ont qu'une médiocre fortune, la vie y étant à bon marché; et l'on doit s'étonner que les moines, qui cherchaient autrefois à fuir le monde, n'aient pas préféré, à tout autre, ce pays, un des moins peuplés de la France.

Mais avant de quitter Montluçon, je dois dire encore un mot de ce duc de Charost, dont l'ignorance ou les préjugés m'ont obligé à prendre cette route. J'ai oublié de rapporter qu'à mon arrivée en cette ville, je lui avais écrit de ne plus conserver aucun espoir de découvrir des mines de charbon dans le lieu qu'il avait indiqué. Je lui faisais sentir, par la même occasion, que j'avais lieu de me plaindre du peu d'égards qu'il avait eu pour moi. Il est probable que le ton de hauteur, sur lequel était conçue ma lettre, l'obligea à me considérer autrement qu'il ne l'avait fait d'après ma mine, car la réponse que j'en reçus était infiniment plus honnête que la manière dont il m'avait accueilli lorsque je l'avais vu : il me disait qu'il m'avait attendu à son nouveau château et qu'il avait toujours espéré que je lui

(1) Ce pays formait une baronnie composée des villes et châtellenies de Montaigut, Chambon, Evaux, Auzance, Sermur, qui fut vendue en 1360 par Jean Ier, comte d'Auvergne, à Pierre de Giac, puis revendue vers 1400 à Louis II de Bourbon.

ferais le plaisir de le visiter. Cette lettre me parut si singulière et si opposée à ses procédés antérieurs que je crus devoir lui répondre avant de quitter cette ville. Je lui disais, entre autres choses, que « s'il m'avait invité à le joindre et à passer quelques jours avec lui et sa nouvelle épouse, je me serais arrangé de manière à me donner ce plaisir, mais que bien certainement, il ne m'avait pas dit un seul mot de cela et que de plus j'avais bien lieu de me plaindre de n'avoir reçu de lui aucune politesse. Qu'en ce moment-ci, pressé d'aller au Mont-Dore pour y conduire ma fille, je ne pouvais pas profiter de l'honneur qu'il voulait bien me faire. »

A mon retour à Paris, je sus que le duc avait dit à M. Bertin que je n'étais pas aisé à manier. Je reviens à mon voyage.

Nous arrivâmes, environ vers 9 heures, à la ferme du maître de poste. Jusque-là le chemin me parut assez bon, mais nous fûmes avertis qu'il en serait fort différemment de celui qu'il nous restait à parcourir. Selon sa promesse, notre postillon nous offrit ce que cette ferme pouvait fournir : du lait, du fromage et des œufs. Ma fille en profita ; quant à moi je réservai mon appétit pour le repas que nous devions faire vers midi, au seul lieu habité de la vallée de la Sioule, entre Montluçon et Riom.

Ce qui nous occupa fort agréablement pendant le repas du postillon et de ses chevaux, fut de mesurer à notre aise, devant la porte, un ormeau que l'on prétendait avoir plus de 300 ans. Ma fille et moi, avec nos bras étendus bout à bout et leur longueur de corde, pûmes tout au plus l'embrasser. Cet arbre énorme était fort court et dépouillé par le haut d'un grand nombre de ses branches. C'est, nous dit-on, de cette manière qu'on l'avait fait grossir si prodigieusement, la sève, au lieu de s'élever, étant ainsi forcée de s'arrêter dans le tronc de l'arbre. Chose non moins remarquable, cet énorme tronc était très sain et nullement caverneux.

Vers le midi, nous arrivâmes dans cette vallée de la Sioule, qui passe à Saint-Pourçain et va se jeter dans l'Allier. C'est un torrent terrible, ainsi qu'on peut en juger par les galets et les nombreux fragments de minéraux déposés sur ses bords. Ces galets peuvent aider à se rendre compte de la nature du sol des différents pays traversés par ce torrent : on y voit du granit, du quartz, du cristal ou roche cristallisée et même de la lave. Comme beaucoup de ces pierres étaient brillantes, ma fille chercha à en faire une collection. Plusieurs des pierres qu'elle recueillit étaient véritablement dignes d'être taillées et de faire de belles bagues. Je crus même y reconnaître des tourmalines, des petites hyacinthes et des grenats.

Le torrent est traversé par un mauvais pont de bois qui, élevé sur des poutres menaçant ruine, fait frémir les passants. Nous attendîmes sur la rive opposée la chaise et le postillon qui passèrent la rivière à gué, au milieu des rochers qui rendent son passage extrêmement difficile, surtout lorsqu'elle est grossie par les pluies. Nous achevâmes de gravir la côte à pied et ne remontâmes dans ma chaise que lorsque nous fûmes en plaine.

De ce côté-là, le terrain est d'une nature si différente qu'on a forte raison de croire qu'on est sorti de la Combraille. C'est cependant sur ce terrain qu'on prétend avoir trouvé de l'émeri et même des pyrites. Pressé que j'étais d'arriver à Riom, je n'eus pas le temps de m'en assurer. Je reconnus seulement que le sol s'améliore de plus en plus relativement à ses productions végétales. Mais, je m'aperçus bientôt que c'est en raison de la terre volcanique. Nous passâmes par des terres fort bien cultivées, en côte comme en plaine, et aussi devant une métairie à laquelle était jointe une fort jolie maison de campagne, d'où nous vîmes, avec surprise, sortir un noir et une négresse, avec leurs maîtres et maîtresses basanés. Nous apprîmes que c'était là toute une famille américaine qui, passant dans ce pays, en avait trouvé le sol si bon et la situation si agréable qu'elle s'y était fixée (1).

(1) Il s'agit ici d'une famille Corus, d'origine créole, qui vint se fixer en Auvergne par l'acquisition de cette terre appelée Chaples, située à 7 kilomètres de Riom, entre Davayat et Combronde, terre dont elle prit le nom.

Nous arrivâmes enfin à Riom, avant la nuit. Le postillon nous conduisit à la poste, comme à la meilleure auberge. C'était à l'entrée du faubourg situé au-dessous de la ville(1) qui, comme on le sait, est assez élevé sur ce faubourg, d'où l'on y monte par un escalier assez raide, à moins qu'on ne préfère suivre le boulevard. C'est la régularité de ce boulevard séparant la ville des faubourgs qui contribue beaucoup à la beauté de Riom qui, très bien percé d'ailleurs, est regardé, avec juste raison, non seulement comme la ville la plus belle et la plus commode de cette province, mais comme une des plus belles de la France!

Mais je ne dois pas négliger de dire que la sensibilité de ma fille fut fort désagréablement frappée, à notre entrée dans l'auberge, en voyant un petit drôle qui, monté sur une table, plumait un pigeon tout vivant. C'était l'enfant gâté de l'aubergiste qui riait de cette cruauté. Ma fille en fut si indignée qu'elle voulut arracher la malheureuse victime d'entre les mains de ce petit polisson. Elle monta à cet effet sur une chaise et, pendant que la mère, pour la contenter, enlevait le pigeon, elle se vengea de la peine qu'elle avait éprouvée en donnant un coup de poing à ce drôle. Elle n'aurait pas voulu loger dans cette auberge, si je ne m'étais hâté de la faire monter dans une chambre, où l'on nous porta à manger ce dont nous avions grand besoin. Quant au postillon, fort connu de la maîtresse de la maison, il fut souper avec elle, après avoir reçu son paiement qui était, je crois, de 36 livres, marché fait avec son père.

Le chef de cette famille, Antoine Corus de Chaptes, était écuyer, c'est-à-dire professeur à l'Académie de Riom, où l'on donnait aux jeunes gens se destinant à la carrière des armes le complément d'éducation nécessaire. De son mariage avec Marie Charrest de Fy, également créole, il eut deux filles dont l'une épousa, en l'an VIII, M. Ignace-Hyacinthe Rehès de Sampigny et l'autre fut mariée à M. Fayolle.

La propriété de Chaptes fut vendue, au commencement du siècle, à la famille Chossier des Pontets.

(1) Le faubourg de Layat.

Nous ne partîmes pas de fort bonne heure, le lendemain, parce que je voulais faire voir la ville à ma fille.

Pendant que le nouveau postillon montait à cheval et allait, suivant mon ordre, nous attendre à l'autre extrémité de Riom, en suivant le boulevard, où passe la grand'route, je pris ma fille par la main et lui fis monter l'escalier, au haut duquel on se trouve à l'entrée de la rue qui traverse la ville et croise une autre grande rue. Dès son entrée dans cette rue, après avoir admiré une belle fontaine, Marguerite me dit : « Comme Riom est noir! » « Cela vient, lui répondis-je, de ce qu'il est bâti en pierres de feu. » — « Comment, reprit-elle, des pierres de feu ! » — « Je veux dire, ajoutai-je, que toutes ces pierres sont le produit du feu des volcans qui ont jadis embrasé presque toute la surface de ce pays-ci. Tu en verras bien d'autres marques à mesure que nous avancerons. Toutes ces pierres sont tirées d'une vaste carrière située à 2 lieues d'ici et qu'on nomme Volvic. C'est un gouffre où venaient se jeter des torrents de laves incandescentes. Guettard (1) en a donné une ample description dans les *Mémoires de l'Académie des sciences.* »

J'eus la satisfaction de voir que ces notions d'histoire naturelle ne seraient pas perdues et que l'esprit naissant de Marguerite n'était pas étranger aux choses les plus relevées. Mais pendant que j'entretenais ainsi ma fille, et que nous avancions dans cette rue, je fus reconnus par deux hommes qui étaient assis sur un banc de pierre, devant leur porte, suivant l'usage de ce pays, dont les habitants viennent ainsi, lorsqu'il fait beau, converser avec les allants et les venants. Ce passe-temps qui serait regardé ailleurs et dans le grand monde comme bas et ridicule, ne l'est pas en Auvergne, où l'on a un ton trivial et commun. Un de ces messieurs parla de moi assez haut pour que je l'entendisse, et ajouta, quand je fus tout à fait vis-à-vis de

(1) Jean-Etienne Guettard, membre de l'Académie des sciences, né à Etampes, le 22 septembre 1715, mort à Paris, le 6 janvier 1786, est le premier naturaliste qui, lors de son voyage en Auvergne, en 1751, ait observé que les montagnes de ce pays sont des volcans éteints.

lui : « Voilà donc M. Monnet qui vient rendre visite à ses dieux pénates et leur amène sa fille ; car c'est-elle, sans doute, qu'il tient par la main. » Je reconnus aussitôt, dans un de ces hommes, un de ces avocats fameux du présidial de Riom, un nommé Andraud (1), un des plus grands ennemis de ma parenté, du côté de ma mère. Il avait supplanté mon oncle Detuelle, dans le mince emploi de bailli du marquisat de Tourzel, dont le seigneur s'est tué à Fontainebleau en courant le cerf avec Louis XV. Tant que la marquise de Rupelmonde, l'amie de Voltaire, avait été dame de Tourzel, mon oncle, qu'elle estimait, avait tenu ; mais, après sa mort, cette grande et belle terre étant passée au marquis de Sourche, son neveu, le père de cet avocat, à force de démarches à Paris, était parvenu à supplanter mon pauvre oncle que nous regardions tous comme l'oracle de la famille. Fort jeune à l'époque de cet évènement, on m'avait rempli la tête des propos que l'on tient en pareilles circonstances et j'avais contracté une grande haine pour cette famille Andraud. Il y avait cependant si longtemps que je n'avais pas vu cet homme que je m'étonnai de le reconnaître et d'en être reconnu. Je m'en approchai néanmoins. Il se leva aussitôt de son banc et me demanda par quelle aventure j'étais ainsi, à pied, à Riom avec ma fille. Je lui dis que c'était pour faire visiter la ville à ma fille, pendant que le postillon de ma chaise était allé m'attendre sur la route de Clermont.

Cette chaise et ma manière de parler l'étonnèrent et lui firent dire que sans doute il était arrivé de grands changements dans ma fortune et qu'on me verrait venir dans le pays avec plaisir. « Voilà ce que c'est d'avoir du talent, on laisse bien des gens derrière soi. » — « Cela peut se dire de vous, lui

(1) Andraud (Pierre), né à Montaignt-le-Blanc, en 1728, fut un des jurisconsultes les plus distingués de Riom, où il exerça, de longues années, la profession d'avocat. Outre vingt-quatre dissertations sur divers articles de la coutume d'Auvergne, dont plusieurs ont été imprimées, on lui doit un ouvrage sur *Les règlements, la discipline et la profession d'avocat*, Riom, 1804, in-8°.

Il mourut à Riom, en 1808.

répondis-je. Vous ne vous êtes pas contenté d'être ici un célèbre avocat; suivant l'esprit du temps, vous êtes venu acheter une charge de maître des requêtes chez la Reine, et vous voilà tout-à-coup sur la grande route des honneurs et de la fortune. » — « Ah ! ah !, me dit-il, vous savez quelque chose de mon histoire ? » — « Les papiers publics m'en ont instruit. » Et là-dessus, je le quittai, et me remis à instruire ma fille sur ce qui concerne l'histoire de cette ville que je lui représentai comme le rendez-vous de tous les plaideurs de la province, comme un gouffre, où viennent s'engloutir les ressources des malheureux paysans et autres qui ont la sottise de plaider et de se chicaner au lieu de s'accommoder de bonne foi. « C'est ici, ajoutai-je, qu'existe cette nuée de procureurs aussi avides de l'argent des malheureux, que faux et menteurs dans leurs dires et promesses. »

Ces discours plaisaient peu à ma fille, mais je les lui tenais, autant pour l'instruire, que par suite de la vieille haine que j'avais vouée à cette race.

Marguerite faisait bien plus attention aux belles fontaines qu'elle voyait au milieu de cette vaste rue. Je lui expliquai que toutes ces fontaines sont alimentées par les eaux descendant des montagnes qui se voient à droite.

Il est rare qu'on aille vîte, en causant ainsi sur son chemin; aussi trouvâmes-nous notre postillon s'impatientant de nous attendre depuis si longtemps. J'apaisai sa mauvaise humeur, en lui promettant une guide plus forte que celle qu'on a coutume de donner pour la poste et demie qui sépare Riom de Clermont. Le temps était beau, aussi fîmes-nous ce chemin assez gaiement. L'aspect pittoresque des montagnes de l'Auvergne, qui se développaient de plus en plus aux yeux de ma fille, la réjouissait beaucoup. Je voyais avec plaisir qu'il lui élevait l'âme. C'est toujours l'effet qu'une telle contemplation produit sur une âme jeune et ingénue; tandis qu'un pays plat ne tarde pas à l'ennuyer par son uniformité. — Telle est l'impression que j'éprouvai en cheminant lentement, la première fois que je quittai l'Auvergne pour me rendre à Paris.

— La vue du puy de Dôme et de ses compagnons lui procurèrent surtout une agréable émotion. Je tâchai de lui expliquer mes idées sur la formation de ces montagnes, en lui rappelant ce que je lui avais déjà dit des feux terribles qui, autrefois, ont dévasté cette province.

A notre arrivée à Clermont, je me souvins de deux hommes que j'avais à y voir. Le premier, une de mes anciennes connaissances, était beaucoup plus renommé à Paris, parmi les savants, qu'à Clermont peuplé de marchands ignorants et incapables d'apprécier son mérite. C'était un apothicaire nommé Ozy, qui jouissait d'une petite pension du ministère de la marine pour sa découverte d'un procédé de fabrication de biscuits bien meilleurs et bien moins coûteux que ceux qu'on employait avant lui dans la marine (1). A la vérité, son genre de vie, proportionné à sa modeste fortune, ne le faisait guère distinguer du commun des marchands qui l'entouraient.

Logé dans cette grande rue marchande qu'on appelle *les Gras*, il passait dans sa boutique la plus grande partie de son temps, occupé comme ses voisins à attendre les chalands, pour leur vendre ses drogues. Il est remarquable que sa confraternité avec les autres marchands ne lui attirait par de leur part plus de confiance et ne lui faisait pas vendre pour cela plus de remèdes. J'étais peiné, en m'exagérant peut-être son mérite comme chimiste, de le voir si peu favorisé de la fortune. Tout à ces pensées, je pris ma fille avec moi à la descente de ma chaise et, en traversant cette grande rue pour aller lui faire admirer la Cathédrale, le monument le plus remarquable de Cler-

(1) M. de Ballainvilliers, intendant d'Auvergne, dans ses *Mémoires* sur cette province, en 1763, consacre à la découverte d'Ozy, le passage suivant :

« La multiplicité des pauvres qui inondent la ville (Clermont) m'a fait chercher le moyen de les soulager à peu de frais. Afin d'étendre les secours, j'ai chargé le sieur Ozy, apothicaire, membre de la société littéraire, de faire usage du digesteur de Papin que j'ai fait construire. Il s'y fait à peu de frais, des bouillons nourrissants que l'on distribue aux pauvres.

Le sieur Ozy a inventé des tablettes, du suc tiré des os, propres à faire de très bons bouillons. Ces tablettes et les biscuits que le sieur Ozy a aussi inventés pour faire en peu de temps et à peu de frais des soupes sont d'une grande commodité pour le transport. »

mont (1), je vis ce bon Ozy, appuyé nonchalamment sur le comptoir de sa boutique. Aussitôt qu'il m'aperçut, il vint se jeter dans mes bras, et, comme l'heure de son dîner approchait, fit mine de nous retenir. Je le priai de laisser dîner ses enfants et de nous suivre à l'*Ecu de France* (2), où nous logions, pour y dîner avec nous, à la table d'hôte, où je prenais place à chacun de mes voyages à Clermont. A cette table d'hôte qui n'était pas très chère et dont les mets étaient excellents, se trouvaient toujours quelques Clermontois qui m'apprenaient les nouvelles de la ville, et souvent celles de la province entière, avec leur malice ordinaire.

Nous remîmes donc à la fin du repas notre visite à la Cathédrale, où l'on devait chanter de grandes vêpres avec accompagnement des orgues.

La deuxième personne que j'avais à voir à Clermont était justement l'organiste que j'avais connu chez mon frère et que je tenais en grande estime, tant en raison de son excellent caractère, que de son talent musical. Je ne doutai pas qu'en me voyant avec ma fille, dont il avait entendu parler comme d'une enfant très précoce dans l'art de la musique, il ne s'empressât de chercher à nous être agréable.

Ce brave homme, nommé Champoléon, qui regardait mon frère comme le prêtre le plus vertueux qu'il eût connu, se fit une fête de procurer à ma fille tous les agréments possibles.

(1) Cette cathédrale a été décrite, avec détails, par de nombreux archéologues, notamment par Savaron, Dufraisse, Dulaure, Thévenot, Mérimée, Renouvier et Gonod. Bornons-nous donc à rappeler que sa construction a été commencée en 1248, d'après les plans de l'architecte Jean Deschamps, et qu'à l'heure où nous traçons ces lignes, ce remarquable monument de l'architecture ogivale est à peine achevé.

M. Rouchon, archiviste départemental du Puy-de-Dôme, a découvert récemment des documents importants sur la construction de ce monument. Espérons qu'il ne tardera pas à les publier.

(2) Les hôtels ayant pour enseigne l'*Ecu de France* étaient jadis des plus nombreux dans notre pays et, malgré les plaisanteries légendaires du célèbre M. Vatout, on en rencontre encore un assez grand nombre.

L'*Ecu de France* de Clermont, qui était situé dans la rue de ce nom, a fermé ses portes en 1860.

Mais, il était pauvre, ne recevant du Chapitre que de très petits appointements, et ne parvenait à se soutenir qu'à l'aide des quelques leçons qu'il donnait en ville. Dès notre première entrevue, il voulut faire jouer de l'orgue à ma fille; mais comme celle-ci ne savait par lire encore bien couramment la musique, et surtout la musique d'église, elle commença aussitôt l'ouverture de l'*Iphigénie* de Gluck, pour lors fort à la mode. Champoléon, craignant que ces airs profanes ne scandalisassent les chanoines qui se trouvaient alors au chœur, l'arrêta aussitôt; mais, après leur sortie, Marguerite se dédommagea en jouant plusieurs morceaux avec aisance et facilité, malgré la dureté du clavier. . . . .

A notre sortie de l'église, le bon musicien ne voulut pas nous quitter et nous mena chez un de ses élèves, où il y avait un excellent forte-piano, dont il prit plaisir à faire jouer ma fille.

. . . .

Je dis adieu au bon Ozy, et le voyant si vieux, je pensai bien ne plus le revoir. Je ne me trompais pas! Il est disparu des vivants sans qu'on en ait fait la moindre mention, et qu'on se soit souvenu qu'il avait en quelque sorte honoré la ville de Clermont, par son savoir.

La route de Clermont à Vic-le-Comte, qu'aujourd'hui on appelle Vic-sur-Allier, est peut-être une des plus agréables et des plus pittoresques qui soient au monde, bordée qu'elle est, des deux côtés, par les plus beaux noyers que l'on puisse voir. Ma fille, qui n'avait encore rien vu de pareil, était charmée. Le postillon qui comptait sur une récompense plus grande qu'à l'ordinaire, puisqu'il allait être détourné de la grand'route, ne menait pas ses chevaux plus vite qu'il ne fallait, et souvent se joignait à moi pour donner des explications à ma fille et lui nommer les localités que nous apercevions.

Le village appelé les Martres-de-Veyre, par lequel nous passâmes pour descendre à l'Allier, et qui est un des plus beaux et plus riches, si non de la France, du moins de l'Auvergne, fut pour ma fille un nouveau sujet d'observations. « C'est ici, lui dis-je, dans cette riche vallée que mûrissent en abondance les pommes de reinette que tu vois dans les marchés de Paris (1). C'est par cette rivière que cette denrée est transportée à sa destination, en passant par le canal de Briare que je te ferai voir à notre retour. La haute montagne que nous avons àgauche, et qui se nomme le puy de Corent, produit le meilleur vin de la province. »

De l'Allier, il reste encore une grande demi-lieue pour arriver à Vic-le-Comte. Le chemin va toujours en montant, mais il est bon. Nous ne tardâmes pas à voir venir au-devant de nous un petit garçon, conduit par la main par une espèce de monsieur que je pris pour quelqu'un de la connaissance de mon frère. Le petit drôle était le frère de ma fille. Je le trouvai très fluet et bien petit pour son âge. Son mentor, qui se nommait Andraud, cousin de celui que j'avais vu à Riom, était devenu mon neveu par son mariage avec une de mes nièces, une Achon, de Champeix. Le plaisir qu'eut mon frère, en nous voyant arriver, ne saurait se décrire. Comme Vic-le-Comte est

(1) De tout temps, les pommes d'Auvergne ont joui d'une réputation méritée et il en est fait mention dans de nombreux auteurs. Legrand d'Aussy. — *Histoire de la vie privée des Français*, tome I, p. 271, — cite parmi ceux de ces fruits qui étaient le plus renommés au XIIIe siècle, le blandureau d'Auvergne souvent mentionné dans les chansons des jeunes fillettes :

Primes ai pommes de rouviau,
Et d'Auvergne le blanc durieau.

« Aux environs de Riom, nous dit Fodéré, — *Narration historique et topographique des couvents de l'ordre de Saint-François et monastères de Sainte-Claire*, Lyon, 1619, in-4°, — il y a de très beaux vergers qui produisent les meilleurs fruits de France, principalement une espèce de pommes, nommées *reinettes*, qui surpassent toutes les autres espèces et qui ont un tel renom qu'on en porte jusqu'à Paris. »

Nous lisons de même, dans les *Mémoires sur la province d'Auvergne* publiés, en 1765, par M. de Ballainvilliers, intendant de cette province : « La Limagne est renommée par ses fruits, principalement les pommes et les abricots, et il se fait un assez grand commerce de pommes qui s'embarquent sur l'Allier, au Pont-du-Château, pour se rendre à Paris où elles se débitent. Il vient tous les ans en Auvergne, des marchands de Paris qui y font leur marché. Ce fruit est connu à Paris sous le nom de pommes de bâteau. Depuis Aigueperse jusqu'à Issoire, la campagne est remplie de vergers plantés en pommiers; tous les arbres sont étayés et rapprochés les uns des autres en forme de bereeau, lorsque les fruits sont à un certain point de maturité, ce qui forme un coup d'œil des plus agréables, et empêche les bestiaux dé gâter les fruits. »

une très petite ville, où tout le monde se connaît, il n'y eut pas beaucoup d'habitants qui ne prirent part à sa joie et ne vinrent pas nous voir.

C'est en cet instant que je fis la connaissance d'un notaire, nommé Margerides, et de sa femme; connaissance fort importante pour moi puisqu'elle me procura l'avantage d'être proprement et commodément logé dans leur maison, voisine de celle de mon frère. Je dois d'autant plus m'arrêter à cet épisode de mon voyage qu'il fut la cause de ma liaison avec Mademoiselle de Saint-Léger, amie de La Harpe et de plusieurs autres hommes de lettres distingués de Paris (1). J'appris que la femme de ce notaire était la sœur consanguine de cette demoiselle Saint-Léger.

(1) Anne-Hyacinthe Geille de Saint-Léger, plus connue sous le nom de Mme de Colleville, naquit le 26 mars 1761, à Paris. Son père, originaire d'Auvergne, était médecin. Elle montra de bonne heure des dispositions pour les lettres, et, à vingt ans, publia son premier roman: *Lettres du chevalier de Saint-Alme et de Mlle de Melcourt*, 1781, in-12. A la même époque, elle donnait quelques pièces de vers aux journaux et à l'*Almanach des Muses*, puis, elle publiait successivement:

1° *Alexandrine ou l'amour est une vertu*, Amsterdam, (Paris) 1702, 2 vol. in-12; 2° *Le bouquet du père de famille*, divertissement en un acte et en prose, Paris, 1787; 3° *Les Deux Sœurs*, comédie en un acte et en prose, Paris, 1784, in-8°, représentée sur la scène du théâtre des Variétés; 4° *Sophie et Derville*, comédie en un acte et en prose, 1788, in-8°; 5° *Mme de M., ou la rentière*, 1803, 4 vol. in-12; 6° *Victoire de Martigues*, ou la suite de la *Rentière*, 1804, 4 vol. in-12; 7° *Salut à MM. les maris*, ou *Rose et Linval*, 1810, in-12, etc.

Les *Mémoires secrets de Bachaumont*, nous fournissent quelques détails sur cette femme de lettres: « Elle est encore jeune, mais point jolie; en conséquence, elle a renoncé à la coquetterie et à toutes les frivolités de son sexe et de son âge. Elle se livre au commerce des muses et a déjà fait quelques ouvrages, entr'autres un roman intitulé *Alexandrine*. Elle s'essaie aujourd'hui dans le genre comique, mais, n'osant se produire encore sur un grand théâtre, c'est aux *Variétés amusantes* qu'elle débute. Sa pièce en prose a pour titre les *Deux Sœurs*. Elle est dans le genre très honnête. Ce sera la première fois qu'on verra une personne du sexe composer pour un spectacle forain. On en doit donner la première représentation samedi. — *Mémoires secrets*, tom. XXII°, 11 juin 1783.

Les mêmes mémoires rendent ainsi compte des *Deux Sœurs*: « La petite pièce des *Deux Sœurs* avait attiré fort bonne compagnie aux *Variétés* et même beaucoup de femmes intéressées au triomphe de l'auteur. C'est une

Saint-Léger était un médecin qui, s'étant ennuyé d'exercer la médecine à Clermont, vint s'établir à Paris qu'il regardait comme un théâtre autrement favorable pour faire fortune dans ce noble métier. Il ne se trompa point. Comme il était bel homme, un peu charlatan, il s'insinua bientôt dans le beau monde et ne tarda pas, quoique très ignorant, à passer pour un praticien fort habile. Il se remaria avec une femme qui, pour le babil, ne le cédait à aucune autre, et qui, ayant fait, à force de barbouiller du papier, un assez mauvais roman, se croyait déjà une femme de lettre distinguée.

Tel fut le guide de Mademoiselle de Saint-Léger, qui débuta bientôt par un roman en forme de lettres, qu'elle signa de son

bagatelle morale, où il n'y a pas le mot pour rire, mais pleine d'honnêteté, de sensibilité, de naïveté. Le but est de corriger les mères aveugles qui, éblouies par quelques qualités brillantes d'un enfant, le préfèrent à un autre d'un mérite plus solide mais plus concentré. Les *Deux Sœurs* ont été fort applaudies et assez bien jouées. A la fin, on a demandé l'auteur. Un acteur est venu annoncer qu'il ne pouvait répondre aux désirs du public, que c'était une demoiselle. Interrogé sur le nom du poète femelle, il a répondu qu'il s'appelait Mlle de Saint-Léger, connue dans la littérature par divers ouvrages. » *Mémoires secrets*, 15 juin 1765.

Mlle de Saint-Léger fut liée intimément avec Restif de La Bretonne, et nous trouvons, dans l'*Iconographie* et la *Bibliographie* des ouvrages de cet auteur par le bibliophile Jacob, des renseignements sur notre compatriote : « Les relations de Restif avec Mlle de Saint-Léger, qui fut depuis Mme de Colleville, sont, nous dit-il, assez difficiles a bien apprécier ; il correspondait avec elle en 1783. Elle était d'une figure agréable et d'un esprit charmant. Elle devait être aussi très passionnée, si on la juge d'après ses lettres à Restif, et elle s'occupait de littérature. Restif en fut certainement fort épris. Il parle d'elle dans le tome XI de *Monsieur Nicolas*. Mais il était brouillé avec elle, depuis 1784, deux ans avant qu'elle eût épousé M. de Colleville. Il dit, page 3053 : « Mlle de Saint-Léger, avec qui nous n'avions eu qu'une liaison littéraire, liaison trop nouvelle alors et trop peu nourrie, par nos entrevues toujours rares, pour être devenue un besoin, une habitude, une confiance, etc. Plus loin, page 3068, il la traite comme une fille perdue, mais ce n'est plus Mlle de Saint-Léger, c'est Minette. Nous n'ajouterons donc pas foi à l'horrible anecdote qu'il raconte d'elle et qui ne fait pas honneur à la discrétion de l'effronté Butel-Dumont. Restif avait eu la légèreté, sinon la méchanceté, d'imprimer, à la fin de la *Prévention nationale*, les lettres qu'il avait reçues de Mlle de Saint-Léger et d'y joindre des commentaires où il ménageait peu les mœurs de cette *écrivine*. De là, leur brouille qui aurait amené un procès en calomnie sans l'intervention prudente de l'astronome Lalande. »

nom, c'est-à-dire Alexandrine. Cet ouvrage hardi et impudent, scandalisa les hommes aussi bien que les femmes, et l'on dit que la jeune fille qui en était l'auteur aurait dû être châtiée, pour le fait, par ses père et mère. Mais ceux-ci, bien au contraire, l'élevèrent jusqu'aux nues, surtout le père qui pensait que sa fille allait honorer son nom. Je dois à la vérité d'ajouter qu'on eut sujet de s'étonner de voir une fille si jeune, écrire avec une aussi grande pureté de style. Ce roman se vendit promptement et procura à Mademoiselle Saint-Léger un commencement de réputation. En fort peu de temps, elle fut connue des gens de lettres, dont quelqu'uns, et parmi eux La Harpe, lui restèrent attachés.

Jusque-là, de très petits vers, insérés dans les journaux, n'avaient donné de son talent comme poète qu'une très mince idée ; mais, peu à peu, en se modelant sur les bons ouvrages du genre, elle parvint à se faire un rang parmi les vrais poètes. On lui reconnut de la verve, une imagination vive et spirituelle ; mais, ce qui ajouta à sa réputation, fut la comédie des *Deux Sœurs* qui fut jouée d'abord au théâtre des Variétés et ensuite à l'Ambigu Comique. *Alexandrine* se revit dans cette comédie très bien dialoguée et où l'on trouve beaucoup plus de décence que dans le roman, condition sans laquelle elle n'aurait pas été reçue. Cette comédie eut le plus grand succès et gagna de l'argent à son auteur, dont l'orgueil ne connut plus dès lors de bornes.

La femme du notaire Margerides, sa sœur du côté paternel, ne savait rien de tout cela et ignorait même la position que son père s'était faite à Paris. Abandonnée à Clermont chez une parente, elle avait trouvé, je ne sais comment, l'occasion de faire connaissance avec Margerides et de l'épouser avant de savoir ce qu'était devenu son père et d'apprendre l'existence de sa nouvelle famille. Aussitôt que des voyageurs lui eurent appris tout cela, elle désira venir à Paris faire connaissance avec cette nouvelle famille. Elle fut enchantée d'avoir une sœur si célèbre et l'engagea à venir, dans la belle saison, passer quelque temps chez elle, lui peignant le séjour de Vic-le-Comte comme charmant. Ce fut malheureusement moi qui fus chargé de cimenter cette union. Lors d'un précédent voyage, M. Saint-Léger me pria instamment, ainsi que sa femme de me charger de sa fille. Il m'en coûta des frais de poste de plus et de l'embarras, et je n'en eus que de l'ingratitude, excepté de la part de Mme Margerides, qui m'en a toujours été reconnaissante. Quant à son mari, homme singulier et bon cœur, il se moquait de sa famille de Paris et tournait en ridicule son beau-père, le traitant sans façon de charlatan et riant de le voir se faire appeler de Saint-Léger, tandis qu'il n'était que le fils d'un boulanger.

Mlle de Saint-Léger, se trouvant fort bien de son séjour en Auvergne, y était restée depuis que je l'y avais conduite. Elle se trouvait en ce moment-là au Mont-Dore, lieu enchanteur pour elle : la majesté de ces montagnes lui élevant l'imagination, elle en profitait pour travailler à un roman historique dont je lui avais fourni le sujet. J'appris bientôt qu'elle y était retenue par une autre cause. Un certain maréchal de camp, dont j'ai oublié le nom, quoique je l'aie connu, lui faisait la cour. Malheureusement les ressources de la belle étaient trop petites et ses parents de Vic-le-Comte trop pauvres pour subvenir à ses dépenses considérables. Mais, elle fit la connaissance d'une dame qui la tira d'embarras en l'emmenant à Vichy. Elle partit si précipitamment du Mont-Dore, qu'elle ne prit pas le temps de répondre à la lettre que je lui écrivis pour lui demander de m'arrêter une chambre pour moi et ma fille, précaution bien utile dans un tel lieu, où l'on a tant de peine à se loger tant bien que mal. A notre arrivée au Mont-Dore, nous vîmes combien elle aurait pu nous être utile.

Il faut dire que cette demoiselle de Saint-Léger était une petite étourdie, n'attachant aucune importance à ses paroles et se souciant fort peu de passer pour inconstante ou ingrate. C'était une petite personne infatuée de son mérite et ne doutant de rien ; en un mot une enfant gâtée par l'adulation de ses père et mère. Sa sœur fut choquée de son brusque départ et ne l'a pas revue depuis.

Mais, je reviens à ma fille. Voulant profiter pour elle du reste de la saison, je me disposai à monter promptement aux Bains. Vic-le-Comte est de tous les lieux de l'Auvergne le plus heureusement situé pour permettre d'admirer cette singulière chaîne qu'on nomme, je ne sais pourquoi, du Mont-Dore, tandis qu'elle n'est qu'un amas de terres et de rochers volcaniques entassés les uns sur les autres. On observe en face de ces montagnes, qu'on aperçoit distinctement et dans toute leur hauteur, comme une bande noire d'où s'élèvent des monts et des prés. « Voilà, dis-je à ma fille, tout ce que nous avons à traverser pour arriver dans une vaste vallée, qui est de l'autre côté, et où se trouvent les eaux minérales. » Cette perspective, bien loin d'effrayer Marguerite, la réjouit fort, au contraire; et il lui tarda de monter sur le bel âne qu'on lui avait promis pour faire cette course. . . . .

. . . . . . Quoique le Mont-Dore ne paraisse pas éloigné de Vic-le-Comte, il y a cependant six fortes lieues entre ces deux pays. Nous traversâmes l'Allier au-dessous d'un village nommé Chadieu (1), où s'élève un fort beau château appartenant à un M. de Montmorin, parent de celui qui fut plus tard ministre. De là, nous passâmes par un grand et riche village qu'on appelle Authezat (2), renommé bien plus par une image de la Vierge que par l'extrême fertilité de ses terres. J'aurai bientôt occasion de parler plus amplement de ce village, de son seigneur qui était un Bouillé et de sa statue de la Vierge à laquelle, chaque année au printemps, toutes les paroisses environnantes viennent rendre hommage. Nous rencontrâmes ensuite Plauzat (3), un des villages

(1) Cette seigneurie, anciennement démembrée de celle de Chaslus, après avoir été possédée par la maison de Montboissier, appartenait alors à la famille de Tane ou Tana, originaire de Piémont, à qui elle avait passé, en 1689, par une alliance.

(2) Authezat dont le chef-lieu fut d'abord la Tour de Chaslus-les-Bussières; puis passa successivement aux dauphins d'Auvergne, aux Coste, aux Montboissier, aux de La Pierrevive, aux d'Oradour, aux de Bouillé à qui elle était à l'époque qui nous occupe.

(3) Cette terre qui faisait originairement partie du comté d'Auvergne, appartint ensuite aux dauphins, aux Comptour d'Apchon, aux d'Estaing et aux Montagut de Beaune.

les plus renommés de la Basse-Auvergne ou de ce qu'on appelle la Limagne, non seulement à cause de la grande fertilité de son territoire, de la bonté de ses prairies s'étendant jusqu'à Veyre, que par l'abondance de ses eaux descendant de toutes les montagnes avoisinantes à l'est et au midi. Toutes ces eaux qui rendent ce lieu sale et boueux, une partie de l'année, ne sont pourtant pas absolument inutiles, puisqu'en se distribuant dans ces belles prairies elles en augmentent la fertilité. Ces eaux sont très remarquables encore dans le petit parc d'un château qui joint à ce village et où l'on a établi des jets d'eau qui le rendent fort agréable.

Nous trouvâmes là une partie de ma parenté venue de Champeix, qui n'en est éloigné que d'une heure, pour rendre hommage à ma fille, ce phénomène renommé parmi des gens simples, sans presque aucune éducation, mais non sans esprit, finesse et bon sens. Les uns lui apportaient des amandes fraîches cueillies dont les jardins de Champeix, quoique graveleux, abondent ; les autres des noisettes ou des raisins à demi-mûrs. Là, nous nous reposâmes un peu et puis nous commençâmes à monter derrière la montagne la plus haute qui domine Plauzat.

Nous laissâmes à droite la petite ville de Saint-Amant et parvînmes à un assez grand village nommé Ludesse. De là, la montée devient de plus en plus rapide jusqu'au sommet de la Croix-Morand, espèce de plateau que l'on traverse pour descendre dans la vallée du Mont-Dore. Cette descente s'opère par un chemin presque droit côtoyant les bois antiques de sapins, nommés les bois de Chanaux, qui tombaient de vétusté quand nous y passâmes. Cette Croix-Morand (1) a été plantée

(1) Cette croix fut, croyons-nous, élevée en ce lieu, à l'altitude de 1420 mètres, dans la première moitié du XVIIe siècle, en souvenir du passage dans ces contrées d'un religieux de Cluny qui, à cette époque, évangélisa l'Auvergne :

« Il instruisait les uns, il reprenait les autres, il rendait la santé aux malades, il faisait et procurait de grandes aumônes aux pauvres. Enfin, toute l'Auvergne recevait une infinité de bénédictions du ciel par les prières et par la présence de saint Morand. — *Vie et miracles de saint Morand, confesseur, religieux de l'Ordre de saint Benoît en l'abbaye de Cluny, recueillis par Jean Morand, prestre de l'église Sainte-Eustache du diocèse de Coutances, conseiller et aumosnier du Roy. A Paris, chez Guillaume Sassier, impr. du Roy, rue des Cordiers*, 1662, in-12, p. 64. »

pour guider les voyageurs dans l'hiver ; ce qui n'empêche pas qu'il n'y ait quelquefois des piétons perdus dans les neiges accumulées en cet endroit, par le vent du nord-est. Je m'y perdis moi-même, pendant que ma fille, montée sur son âne, suivait paisiblement avec son guide, un sentier enfoncé dans un terrain très mobile et très aqueux. J'avais pris trop à gauche par un autre sentier et serais ainsi arrivé au bord d'un gouffre, où viennent s'engloutir les eaux qui forment une des branches principales des sources de la Dordogne (1). C'est de cette manière que beaucoup d'hommes, aussi inattentifs que moi, ont été se perdre en temps de neige.

Je rejoignis ma fille à l'entrée des bois de Chanaux. Comme la pente est extrêmement rapide, son guide et moi fûmes d'avis qu'elle fît ce chemin à pied et ne remontât sur son âne que quand nous serions en bas. L'on peut, sans crainte de se tromper, attribuer à cette pente 45 degrés d'inclinaison, et l'on s'étonne qu'un chemin si fréquenté par des personnes malades ne soit pas mieux construit et qu'on ne lui ait pas fait décrire

(1) Cette rivière est formée de deux ruisseaux, la Dore et la Dogne. La Dore a ses sources multiples au pied de la pyramide qui couronne le pic de Sancy. « Ce sont, nous dit Henri Lecoq, de petites sources s'échappant de la pelouse, ou sortant sous un bloc de trachyte à l'élévation de 1,720 mètres, entre le pic de Sancy et le pic de la Grange, sur un terrain incliné que l'on désigne sous le nom de Marais de la Dore. »

« Arrivée au pied du Sancy, après un parcours d'un kilomètre, la Dore reçoit sur sa rive droite la Dogne, qui a pris naissance sur les pelouses élevées, entre le puy de Cacadogne et le pan de la Grange (1,714 m.).

La Dordogne, formée de la réunion des deux noms et des deux ruisseaux, voit bientôt ses eaux grossies sur sa rive gauche par le ruisseau impétueux formé de la fonte des neiges de la Gorge des Enfers ; puis, sur la même rive, par le ruisseau de la vallée de la Cour et du Chiergue, s'échappant par l'échancrure d'un vaste filon de trachyte connu sous le nom de Portail, et enfin sur la rive gauche, encore en face de la grange de Bellon, par un très petit cours d'eau qui descend de la base nord du puy du Chiergue.

Sur sa rive droite, la Dordogne, entre la jonction de la Dogne et le village des bains du Mont-Dore, est encore tributaire de trois petits ruisseaux. Le premier prend naissance sur les pentes occidentales du roc de Cuzeau et coule dans le fond de la vallée du roc Barbu ; le second descend du plateau de l'Angle, et le troisième est le ruisseau de la grande Cascade ! » Henri Lecoq. *L'eau du Plateau central*, p. 216.

des zig-zags sur le flanc de la montagne. A la vérité, presque toutes les personnes qui montent au Mont-Dore, surtout les femmes, ne font ce chemin qu'en litière et s'aperçoivent ainsi moins du danger, le brancard étant plus élevé sur le cheval de devant que sur celui de derrière.

On conçoit bien que sur une telle pente, on ait dû chercher à retenir les terres qui, surtout pendant l'hiver à l'époque des pluies et de la fonte des neiges, sont entraînées avec la plus grande facilité, en laissant des creux où tombent hommes et chevaux. Ces éboulements se produisent d'autant plus aisément que cette terre est volcanique et presque aussi légère que la cendre, quoique mêlée souvent avec de grosses pierres volcaniques ou laves. Pour remédier autant que possible à l'inconvénient que je viens de signaler, les paysans, sous la direction de ceux qui ont le plus d'intérêt à ce que les bains du Mont-Dore soient fréquentés, étendent de distance en distance en travers de cet horrible chemin des troncs d'arbres pris à droite et à gauche. Cela diminue en quelque sorte la rapidité de la pente, car les sables et les galets charriés par les eaux, sont ainsi arrêtés et forment des espèces de bornes qui reposent le corps et coupent la ligne plus qu'oblique. Malheureusement, comme nous l'avons observé encore, ces arbres tombant de vétusté, et par conséquent très poreux, sont bientôt entièrement pourris et ne forment plus sous les pieds qu'une boue fort épaisse rapidement entraînée par les eaux.

Il faut croire que les sapins dont on forme le chemin de Pétersbourg à Moscou sont de meilleure qualité que ceux-ci, sans quoi ils ne pourraient servir longtemps.

Avant de continuer ma route, je dois faire mention du grand désir de ma fille d'aller voir les cabanes établies sur le bas de ces montagnes pour la fabrication du fromage et du beurre, et aussi de son envie de se rafraîchir avec du bon lait, comme l'avait fait son frère deux ans auparavant, lorsque je le menai au Mont-Dore. Je lui promis de lui faire goûter ce plaisir, lorsqu'elle se serait reposée quelques jours avec moi aux Bains et de lui faire voir alors à son aise les beaux troupeaux de vaches.

Au bas de la montagne, Marguerite remonta sur son âne et nous traversâmes le terrible torrent dont j'ai parlé comme prenant sa source au-dessous de ce gouffre où j'étais parvenu après m'être égaré. On a le soin d'y jeter de grosses pierres pour faciliter le passage des piétons. Je fis remarquer à ma fille qu'elle avait l'honneur de traverser la source d'une des plus grandes rivières de France, la Dordogne, de même que j'avais eu celui de passer la source du plus grand fleuve de l'Allemagne, le Danube. J'ajoutai que c'était là les plus fructueuses leçons de géographie qu'elle pût recevoir.

Peu après ce passage, on se détourne à gauche et on entre dans la vallée dite du Mont-Dore. Comme cette vallée est entièrement dépouillée d'arbres, on la voit dans toute son étendue jusqu'au pied des véritables Monts-Dore qui la bornent au midi. Elle présente les mêmes contrastes que beaucoup de celles des Alpes et des Pyrénées. Dans les grandes chaleurs de l'été, on y est brûlé par le soleil, et dans l'hiver on y souffre souvent du plus horrible froid.

J'ai déjà dit que Mlle de Saint-Léger n'eut pas l'honnêteté de nous arrêter une chambre, comme je l'en avais priée. Nous nous trouvâmes donc dans le plus grand embarras à notre arrivée au village des Bains. En voyant ma fille toujours montée sur son âne, on disait qu'il était bien dommage qu'une si jolie demoiselle ne fût pas logée. Chaque paysanne baigneuse s'empressa de courir d'auberge en auberge pour nous découvrir un refuge. Enfin, le maître de l'hôtel devant lequel nous nous trouvions, un *nommé Bornes, qui m'avait connu autrefois*, eut pitié de nous, et après avoir fait faire une revue de ses lits, trouva le moyen de nous installer pour la nuit, en attendant qu'il pût nous offrir une chambre fort commode, qui donnait de plein pied sur la place.

A peine cet arrangement était-il terminé, que je fus reconnu du médecin des eaux, qui m'avait connu autrefois à Paris, et cela dans un temps où j'étais sans fortune et sans soutien, n'ayant pour ami que ce Rivet dont j'ai tant parlé dans mes mémoires, et qui est mort malheureusement, à la fleur de l'âge, au moment où il pouvait espérer parvenir glorieusement, ayant déjà remporté des prix aux académies. Je fus très surpris de retrouver en ce médecin un homme d'importance, mais je reconnus qu'il était bien là à sa place, car il faut aux eaux minérales des charlatans. Il était originaire d'Aurillac et me fit force compliments, paraissant tout joyeux de me voir auprès de lui, et me faisant toutes sortes d'offres de services (1).

Il avait avec lui un officier, de ses amis, qui me plut bien davantage et fut enchanté des talents de ma fille, et surtout de l'entendre si bien chanter et déjà si bonne musicienne. Cet officier, qui était compatriote du médecin, et qui faisait semblant d'avoir besoin des eaux pour passer son temps, avait un domestique qui jouait de la clarinette et de la flûte. Il ne manqua pas, sans doute par ordre de son maître, de venir donner, le soir même, la sérénade à ma fille. Dès ce jour même, le bruit qui se répandit de l'agrément de ma fille, ne fit qu'un éternel plaisir de son séjour au Mont-Dore. J'entendais dire fort souvent parmi les baigneuses : « *a questa pichotte parisienna es ta gente !* » Chacune des dames qui prenaient les eaux voulait l'avoir pour compagne ; mais elle s'attacha de préférence à une dame qui était toujours vêtue de jaune et logeait en face de nous, dans une chambre à balcon. De ce balcon, ma fille voyait avec plaisir les montagnards et montagnardes s'assembler sur la petite place, et souvent, après avoir bien dansé et s'être bien réjouis, se battre à coups de gaules (2). Les femmes alors s'occupent à les séparer et y parviennent rarement avant qu'il n'y ait du sang répandu. Ces batteries, très fréquentes dans ces montagnes, ne sont pas les guets-apens,

(1) Jaulhac, qui se qualifiait de médecin du roi et de directeur des eaux. A la même époque, le Mont-Dore comptait, parmi ses médecins consultants, J.-J. de Brieude, l'auteur connu de la *Topographie médicale* de la Haute-Auvergne.

(2) Bâton ferré et muni d'une poignée de cuir avec une ganse dont ils s'entortillent la main droite, tandis que, de la gauche, ils se saisissent ou arrêtent l'assaut de leurs adversaires. Avec cette arme, ils ont repoussé souvent des troupes qui venaient pour les enlever. (*Note de l'auteur.*)

mais des espèces de duels où l'adresse consiste à parer les coups. Les montagnards excitent ainsi la curiosité des spectateurs qui ne se pressent pas de les séparer. La première fois que ma fille vit ce spectacle, elle fut toute troublée et se mit à pleurer. La dame jaune l'apaisa en lui disant que ces gens-là n'étaient pas de notre espèce, mais des bêtes féroces ayant des crânes et des épaules de fer. Leurs disputes naissent souvent d'une bagatelle, d'un mot injurieux, mais n'ont que rarement pour cause un vol ou une injustice ; car ces paysans sont renommés pour leur probité, et s'arment même pour aller défendre les opprimés.

J'appris à ma fille à distinguer, à cette occasion, le caractère des montagnards auvergnats de celui des habitants de la Limagne. Les premiers sont francs, farouches et brutaux, mais honnêtes gens ; les seconds fins, rusés, fourbes et processifs, cherchant à se supplanter et à se ravir leurs biens. « Il semble donc, lui dis-je, que plus on approche de la civilisation, plus on trouve l'injustice. »

Quand ma fille eut pris plusieurs bains et reçu plusieurs douches sur ses épaules, comme elle ne sentait plus de mal, je voulus lui procurer le plaisir de quelques promenades dans les montagnes.

Ces montagnes lui plaisaient beaucoup, surtout depuis qu'elle avait vu qu'on y fabriquait une grande quantité de fromages et de beurre. D'un autre côté, elle attachait un point d'honneur à se vanter d'être montée sur ces hautes montagnes et d'y avoir contemplé la beauté de la perspective, d'y avoir respiré un air tout différent de celui des plaines.

D'après ce que nous avons dit, on conçoit que les montagnes du Mont-Dore soient fort différentes de celles qui sont primitives. Comme elles ne sont formées que de terre et mêlées de laves, il est très facile d'y pratiquer des chemins ou des sentiers. Il faut cependant en excepter celle qu'on appelle *le Capucin* (1),

(1) Enorme prisme basaltique représentant très bien un capucin ayant son manteau sur les épaules et son capuchon sur la tête. Il s'élève sur le flanc nord du Rigolet, montagne à dôme couverte de verdure et de bois, qui domine le village du Mont-Dore.

qui est presque en face du village des Bains. Par une singularité très inconcevable, elle est entièrement formée de masses granitiques à demi-fondues, et sur lesquelles il serait fort difficile de pratiquer des chemins. Celle, au contraire, contre laquelle est adossé le village et d'où sortent les eaux minérales, quoique très haute, est d'un accès des plus aisés, au moyen d'un sentier qui va en biaisant.

Ce fut par là que je conduisis ma fille au sommet de cette masse qui fait comme un rempart d'une grande hauteur à la vallée. Je dus la mener de préférence sur cette montagne, non-seulement par rapport à cette facilité d'y monter, mais encore parce que, sur son sommet, se trouvent les plus gras pâturages et les plus nombreux troupeaux de vaches. C'est là, par conséquent, qu'il y a le plus de cabanes où logent les pâtres et où l'on fabrique le beurre et le fromage. Ma fille, ayant vu cela de loin, était extrêmement désireuse d'entrer dans ces laiteries pour contempler à son aise toutes les manipulations. Un matin qu'il faisait beau, nous nous mîmes à gravir ce sentier. A chaque instant, elle tournait ses regards vers la vallée, car elle apercevait des choses qu'elle n'avait encore jamais vues. Arrivée tout en haut, elle put se promener à son aise, et le spectacle fut encore bien plus merveilleux pour elle, car de cet observatoire, elle apercevait la cime de toutes les autres montagnes et le fond de toutes les vallées environnantes. Elle se trouva bientôt tout près d'un grand troupeau de vaches qui, à notre vue, cessèrent de brouter, dressèrent la tête et se mirent à nous regarder fixement. A cette occasion, un des pâtres nous apprit que c'était l'effet ordinaire produit sur ces animaux par la présence des personnes qu'ils n'ont pas l'habitude de voir, ce qui dénote une sorte d'instinct que l'on n'observe même pas chez certains sauvages, à ce que nous disent quelques voyageurs.

Bientôt, l'heure de traire les vaches étant venue, plusieurs cornets se firent entendre à la fois, et nous vîmes toutes les bêtes dégringoler des hauteurs où elles paissaient, se précipiter les unes sur les autres, s'arrêter un instant devant nous comme pour nous saluer, et ensuite entrer en beuglant dans leur parc. Les trois vachers, un grand seau à la main, se mirent à les traire. Pour venir à bout de ce travail sans confusion, on n'en laissait entrer dans le parc qu'autant que les vachers pouvaient en traire à la fois. Pour cela, un autre vacher, placé à l'entrée, tenait la porte fermée jusqu'à ce que celles qui étaient entrées fussent libres. Cette grande opération dura plusieurs heures, pendant lesquelles nous nous promenâmes. Les vachers nous invitèrent alors à entrer dans la laiterie, fort enfoncée en terre, afin qu'elle fût plus fraîche, et garantie ainsi, comme les autres cabanes, des accidents qu'occasionnent les vents. Nous vîmes verser le lait du matin dans différentes tinettes rangées autour de la cabane, sur un banc de terre. Ces tinettes, assez grandes pour contenir plusieurs seaux de lait, avaient chacune un battoir pour la séparation de la crême et du beurre. On nous montra de quelle manière on s'y prend pour faire le beurre et le fromage, après quelques jours de repos. Le petit lait, qu'on sépare au moyen de canelles placées au bas des tinettes, est encore assez gras pour fournir du beurre. Enfin, on donna à ma fille toutes les explications possibles, pour la mettre au fait de toutes les opérations. Puis, on lui demanda de quelle espèce de lait elle désirait boire. Elle eut la curiosité de goûter un peu de chacun ; mais, pour faire un bon repas, elle s'en tint à celui dont on avait déjà enlevé la crême, les autres étant trop épais et remplissant trop la bouche. Les vachers lui dirent que c'était aussi du même qu'ils se régalaient quelquefois, mais que ce n'était que de celui dont on avait tiré tout le beurre qu'on avait pu et qui commençait à aigrir, qu'ils faisaient leur boisson ordinaire, le surplus servant à la nourriture des cochons qu'on engraisse admirablement et très vite, de cette manière. On les vend ensuite dans les différentes villes de la province, ou pour mieux dire, ceux qui en font le commerce viennent de temps en temps les acheter dans la montagne. Ma fille était dans une grande surprise en comparant les propriétés et la nature de ce lait avec celui des environs de Paris et même de Dreux, où elle avait habité si longtemps avec sa tante de Jarry.

Je tâchai de lui faire comprendre que cette énorme différence tenait entièrement non seulement à l'extrême abondance des pâturages de ces montagnes, mais encore à leur qualité.

Après avoir bien remercié ces honnêtes vachers et leur avoir donné ce que nous avions sur nous de monnaie, nous nous disposâmes à retourner aux Bains ; mais ce ne fut toutefois qu'après avoir indiqué à ces braves gens la maison où nous logions, car plusieurs d'entr'eux devant venir le dimanche entendre la messe au Mont-Dore, voulaient absolument porter à ma fille un plein petit seau de ce bon lait. Ils remplirent effectivement leur promesse, mais malheureusement se trompèrent d'adresse, ce qui fit qu'il n'arriva chez nous que la plus petite partie de ce lait.

Ma fille, voyant qu'il y avait sur ce plateau beaucoup de plantes auxquelles les vaches semblaient ne pas toucher, je lui expliquai que ces plantes, la gentiane et l'élébore, étaient du poison pour ces animaux. Je lui dis que chez l'homme, l'élébore opère seulement une violente purgation et que cette plante possède une grande vertu sternutatoire. Aussi la mêle-t-on au tabac à priser pour le rendre plus fort. La gentiane, bien loin d'être malfaisante aux hommes, les restaure. Sa racine, extrêmement *grosse ici, parce qu'elle trouve toute la nourriture* qu'il lui faut, a un goût qui n'est pas désagréable. Elle est cordiale, et les apothicaires la font entrer dans la thériaque. Les anciens l'avaient en grande vénération. Le grand Hippocrate la regardait comme propre à purifier la masse du sang et conseillait l'infusion de sa racine pour fortifier l'estomac. Le roi Mithridate, grand pharmacien, la faisait entrer dans sa fameuse composition, et Andromaque dans la sienne. Je parlai aussi à ma fille d'une autre plante fort renommée qui se trouve ici, mais que les vaches ne dédaignent pas ; c'est le *méum*, dont la racine est si fine et si petite, qu'on ne l'aperçoit que difficilement (1).

(1) *Méum*, plante de la famille des Ombellifères, dont la racine était autrefois employée en médecine comme stomachique.

Depuis fort longtemps, les plantes médicinales ou simples du Mont-Dore

Mais bientôt un autre objet attira l'attention de ma fille : ce furent ces petits ruisseaux aux eaux si limpides. « C'est de cette eau, lui dis-je, que les vachers se servent pour laver leurs tinettes et nettoyer leurs cabanes. » Le plus grand nombre de ces ruisseaux va se précipiter plus bas dans une gorge très profonde que l'on nomme *la Cascade*. Je promis à Marguerite de la mener le surlendemain visiter cette cascade. Mais, cette partie faillit nous devenir funeste, comme on va le voir.

Comme la distance des Bains à cette gorge est assez courte, nous ne partîmes qu'après le dîner, et une heure de marche nous suffit pour y arriver. Le chemin ou plutôt le sentier qui y conduit est vraiment difficile, tracé le long d'une côte à pic. Ce qui augmente le danger, c'est que ce sentier domine tout à fait la vallée que les eaux de la cascade ont creusée et creusent continuellement, et qu'on a lieu de craindre, si le pied vous manque, de rouler dans ce gouffre. La curiosité de voir cette cascade l'emportant chez nous sur le sentiment du danger, nous montâmes assez vite et, plus nous avançâmes, plus cette cascade se découvrit à nos yeux et nous charma par son pittoresque. Cette cascade dont on fait tant de cas au Mont-Dore,

ont été très estimées. Nous en trouvons, dès le milieu du XVIe siècle, un témoignage dans un livre rare du naturaliste Belon, qui nous dit que le cardinal de Lorraine, « personnage d'incomparable vivacité et de subtil esprit et plus prompt qu'un atome, » et M. le connétable, lui donnent « commission et deniers pour visiter expressément les summités des monts d'Auvergne, Savoie et Dauphiné, à la recherche des plantes utiles. » — (*Les remonstrances sur le défaut de labour et culture des plantes et de la cognoissance d'icelles, contenant la manière d'affranchir et apprivoiser les arbres sauvages*. Paris, G. Corrozet, in-8°, page 27).

Legrand d'Aussy nous apprend que de son temps, les femmes du village venaient déjà offrir aux baigneurs ces simples, notamment la véronique et le pied de chat. Il ajoute que la plupart des plantes sèches vendues sous le nom de *vulnéraire suisse*, n'ont pas d'autre origine, et que le jardinier du jardin botanique de Clermont, dans ses voyages annuels au Mont-Dore, pour y accompagner l'abbé Delarbre, directeur de ce jardin, y recueillait une grande quantité de plantes, qu'au moyen d'une étiquette allemande, il transformait en vulnéraire.

De nos jours, la cueillette de la fleur d'arnica, de la racine de gentiane, du lichen, des pensées sauvages, fait vivre, au Mont-Dore, un certain nombre de pauvres femmes.

où on la vante autant que celle du Niagara, n'est pourtant en été qu'un assez mince filet d'eau, qui tombe de 10 à 15 pieds de hauteur. Mais sa chute se produit sur un banc de lave fort dur, il fait assez de bruit pour qu'on l'entende de loin. Cette eau descend le long de la vallée toujours en murmurant à cause des obstacles qu'elle rencontre. Ma fille s'assit en face de la cascade, et éprouva un grand plaisir en découvrant autour d'elle beaucoup d'excellentes fraises. . . . . Tout en croquant ses fraises, Marguerite ne s'était pas aperçue que l'eau de la cascade, en tombant et en s'éparpillant, répandait une vapeur très fine et imperceptible dont elle était entièrement pénétrée. Nous nous levâmes précipitamment et nous mîmes à redescendre. Comme la nuit approchait, nous marchions très vite, mais moins leste que ma fille, je fis un faux pas occasionné par de petites pierres qui se trouvèrent sous mes pieds, et j'aurais roulé jusqu'en bas, si je n'avais heureusement été retenu pas un buisson, auquel je m'accrochai. Il n'en fallait pas davantage pour épouvanter ma fille qui poussa de si grands cris, que, comme toutes ces montagnes font échos, ils furent entendus jusqu'au village, ainsi que nous l'apprîmes à notre arrivée. Le reste de l'excursion se fit néanmoins très gaiement et nous rîmes fort de cette aventure.

Comme ma fille ne devait rester que peu de jours aux Bains et qu'il fallait qu'elle en profitât pour prendre encore quelques douches, ce fut la dernière course que nous fîmes ensemble. Du reste, Marguerite était si bien accueillie par tous les baigneurs et les baigneuses, et surtout par la *dame jaune*, qui en avait soin comme de sa propre fille, que je n'eus aucune peine de la laisser et d'aller me promener pour m'instruire ou me récréer. Une de ces promenades eut pour but cette grosse montagne, située presque en face du village et nommée *le Capucin*. C'est la même que Desmarests avait explorée et qui lui avait fourni peut-être le premier exemple de ces pierres volcaniques qu'il nomme « chauffées sur place. » Cette montagne est vraiment fort curieuse, en ce qu'elle est un amas informe de masses de granit entassées les unes sur les autres. On y distingue encore le luisant d'un commencement de fusion, le quartz blanc et le mica ; mais ce dernier paraît avoir été entièrement fondu. Ces masses laissent entr'elles des intervalles remplis de terreau, où croissent abondamment ces petits arbustes qui produisent des baies noires semblables à des groseilles rouges et nommées . . . .

. . . . Le lendemain, pour ne pas perdre de temps, j'allai seul visiter, pour la troisième fois, les anciens bains abandonnés, que l'on nomme la Bourboule, et dont les eaux, analysées autrefois par le chimiste Ozy, ont fourni beaucoup de sel marin. Ce fait me paraissait très extraordinaire, car j'étais persuadé que le sel marin ne pouvait se trouver que dans des terrains secondaires et crayeux, tandis qu'ici, au contraire, les eaux sortent d'un terrain primitif, c'est-à-dire graniteux.

La Bourboule est éloignée d'une lieue et demie du Mont-Dore. C'est un chétif hameau assis, pour ainsi dire, dans l'eau, sur le bord de la Dordogne. C'est d'un rocher que sortent les eaux minérales qui ont donné lieu à l'établissement des bains bien plus fréquentés autrefois qu'aujourd'hui. (1) Mon arrivée dans ce lieu fut aussitôt accueillie avec grande joie, par deux recluses, nièces de notre aubergiste du Mont-Dore. Il fallut faire trève à mes observations minéralogiques et m'occuper uniquement d'elles. Leur empressement à me recevoir le méritait bien. Elles n'avaient que des œufs, mais elles ordonnèrent à un de leurs valets d'aller pêcher. Peu d'instants après, il revint avec de fort belles truites, dont la vue me réjouit, car,

(1) Comme celles du Mont-Dore, les eaux de la Bourboule ont été connues de toute ancienneté. On y a découvert, en 1820, une piscine datant des Romains.

Un titre de 1460, nous apprend qu'à cette époque, les propriétés thérapeutiques de ces sources étaient déjà connues. Un hospice était établi auprès des thermes et payait des droits au seigneur de Murat-le-Quaire. En 1740, la source principale fut couverte d'une voûte de 9 à 10 pieds de haut ; son bassin était de 8 pieds de longueur et 5 de largeur.

La Bourboule a été érigée en commune, en 1874.

je les aimais fort, et qu'à Paris c'est un plat beaucoup trop cher et trop rare. En arrivant au Mont-Dore, j'étais avide d'en manger, car je savais par expérience que les baigneurs et buveurs tâchent de diminuer leurs maux par la bonne chère, où entrent toujours le poisson aussi bien que les écrevisses. Mais, depuis mon arrivée, les pluies ayant constamment troublé les eaux, je n'avais pu en manger que deux fois.

Quoique ces deux cousines ne s'attendissent pas à ma visite, je fus surpris de les voir si bien mises. Le ton joyeux et délibéré avec lequel elles me reçurent me surprit beaucoup, quand je me ressouvins d'avoir vu, quelques années auparavant, dans ce pays, le beau sexe si maussade et si mal accoutré. Je me demandai si la civilisation avait fait en si peu de temps de si grands miracles. L'empressement que ces demoiselles mettaient à me recevoir les ayant portées à me laisser seul dans leur logement qui consistait en une grande chambre, autour de laquelle se trouvaient 4 lits, et qui témoignait encore de l'ordre et de l'arrangement du bon vieux temps, je réfléchis que les grands changements que je croyais apercevoir dans ces demoiselles pouvaient bien provenir de la lecture des romans qui, vu leur multiplicité, avaient gagné les plus hautes montagnes. En furetant, je trouvai sur un mauvais prie-Dieu, la réalité de ce que j'avais soupçonné; c'est-à-dire plusieurs volumes qui étaient en effet des romans fort accrédités, tels que *Julie* de Jean-Jacques Rousseau et *Tom Jones* (1). Il faut ajouter que tous les ans, pendant la saison des eaux, il venait, de Clermont au Mont-Dore, des libraires avec cette denrée, dont pouvaient ainsi se fournir toutes les belles montagnardes. Au reste, mes deux cousines, toutes montagnardes qu'elles étaient, pouvaient passer pour de jeunes demoiselles assez présentables. Elles s'exprimaient assez noblement, qualité que j'attribuai encore à la lecture de ces livres. Que pouvaient-elles faire

(1) *Tom Jones* ou l'enfant trouvé, roman du célèbre auteur anglais Henry Fielding, alors fort à la mode, est considéré, de nos jours encore, comme un modèle du genre.

de mieux parmi leurs vachers et leurs vachères que de se distraire ainsi (1) ?

Pendant que mes deux jeunes hôtesses s'occupaient du dîner, je jugeais à propos de faire la visite minéralogique, but de ma course. Je trouvai les bains en si mauvais état et si sales que j'en eus horreur. Leur faible chaleur ne pouvait plus être suffisante pour des malades, aussi les pauvres eux-mêmes n'y venaient déjà plus. Précédemment, j'avais reconnu, par l'analyse que j'avais faite de cette eau, l'exactitude de ce qu'en avait écrit Ozy. Dans cette troisième visite, je me proposais surtout d'arriver à la confirmation complète du grand principe que j'avais nouvellement adopté, savoir, que les eaux thermales sortent du rocher granitique et ne sont pas dues à un reste du feu des volcans comme je l'avais cru jusqu'alors. Ce fut pour moi un nouveau sujet de spéculation de connaître la véritable cause de la chaleur de ces eaux. Fallait-il pour expliquer la cause de cette chaleur, adopter l'opinion de Mairan, qui croyait fermement que le centre de la terre est embrasé par le seul mouvement de sa rotation, ou celui de Buffon qui était bien persuadé que la terre a encore un noyau de feu et que même toute sa surface a été enflammée par des volcans. Je ne crus cependant ni à l'une ni à l'autre de ces opinions et je restai dans l'incertitude. . . . . De la haute côte, contre laquelle est adossée la Bourboule et qui est certainement la plus haute de tout le groupe de ces montagnes, sort une si grande quantité d'eau qu'en tout temps ce hameau en est inondé. Le château de Murat termine cette hauteur. On ne met pas moins d'une demi-heure, pour y monter de la Bouboule, et sa situation passe avec raison dans toute l'Auvergne pour la plus agréable du pays. C'était là qu'habitait une dame de ce nom, qui était aussi dame de la vallée du Mont-Dore et c'est sur cette hauteur que les habitants du bas de cette vallée vont chercher la messe les dimanches et les fêtes.

(1) Ces deux recluses étaient Mesdemoiselles Guillaume, d'une vieille famille de bourgeoisie montagnarde.

J'étais très fâché d'être si pressé, car j'aurais voulu voir la composition de cette fameuse côte; tout ce que j'en pus savoir c'est qu'elle est du système granitique par conséquent de « l'ancien monde », pour m'exprimer à la manière des naturalistes. Je montai cependant au-dessus des bains et j'eus la satisfaction d'y observer une chose que je ne m'attendais pas à y trouver, c'est-à-dire une véritable terre à porcelaine nommée kaolin (1) par les Chinois qui nous l'ont fait connaître, en l'employant à la fabrication de leur porcelaine. Mais, celle-ci est si sale ou si grise, conséquence de son mélange avec une grande quantité de mica et de nombreux fragments du rocher sur lequel elle repose, qu'on ne pourrait l'employer utilement, comme celle de Saint-Yrieix en Limousin, qu'après l'avoir bien purifiée par le lavage le plus exact.

Je rencontrai aussi d'énormes racines de gentianes qui traversent les sentiers pour gagner la banquette opposée où elles poussent de nouvelles tiges. Je fus surpris d'abord de trouver à de pareilles hauteurs une si grande plante; mais mon étonnement cessa en me souvenant que le savant Bernard de Jussieu dont j'avais suivi assidûment les cours à sa campagne, m'avait dit que cette plante devait venir à cette altitude, aussi bien que l'angélique que j'avais vue au-dessus de Liège et de Spa (2). Je trouvai aussi l'élébore blanc et la grande pensée sauvage aux couleurs plus vives que celle cultivée dans les jardins. .

. . . .

. . . . . Je revins bien vite à la maison, où mes deux

(1) Plusieurs gisements de kaolin existent en Auvergne. A la fin du dernier siècle, une carrière de cette terre était exploitée, pour la poterie, dans un domaine nommé Les Granges, près d'Usson, aujourd'hui arrondissement d'Issoire.

(2) Après avoir parlé de diverses plantes acidules, oseilles, chicorées, etc., qui sur les montagnes d'Auvergne, détériorent le lait et influent ainsi, sur la qualité des fromages, Legrand d'Aussy s'exprime ainsi: « La grande gentiane entr'autres est d'autant plus préjudiciable à un pâturage que dédaignée des animaux pour son amertume, elle y pullule librement et que bientôt étouffant le gazon sous ses grandes et larges feuilles, elle occupe seule tout le terrain. J'ai vu beaucoup de pacages qu'elle avait envahis ainsi. »

demoiselles avaient apprêté un dîner que je trouvai excellent, car il se composait de beurre frais, fromage blanc, œufs et truites. Nous prîmes fort gaiement place autour d'une grande table. Mes hôtesses m'apprirent qu'elles étaient les intendantes de ce domaine appartenant à Bornes, l'aubergiste chez qui je logeais. Cela me prouva que le métier d'aubergiste aux eaux minérales, fait faire d'assez grosses fortunes, ainsi que je l'avais déjà vu à Spa et ailleurs. Mais, je dois rendre, à ceux du Mont-Dore, la justice qui leur est due. Quoique l'on fasse chez eux aussi bonne chère que n'importe où, on y paye beaucoup moins cher. Toutefois, il faut reconnaître qu'on y est bien moins proprement servi et logé. Ce dernier point a toujours causé du dégoût aux riches malades et les a empêchés d'aller au Mont-Dore, préférablement à Vichy et à Bourbon. Aussi, plusieurs intendants d'Auvergne ont-ils cherché à restaurer et à embellir cet établissement. Ils ont compris qu'il fallait d'abord construire d'autres hôtelleries, où les baigneurs pussent se loger plus honnêtement et plus décemment, où chaque malade pût avoir sa chambre particulière au lieu de se trouver mêlé à des étrangers dans une grande chambre à plusieurs lits. Puis, les intendants ont été arrêtés par la nécessité d'ouvrir des chemins accessibles à toutes sortes de voitures, tandis qu'aujourd'hui on ne peut y passer qu'en litière. Il fallait même construire ces chemins avec beaucoup plus de précautions qu'on ne le fait ordinairement, en tenant compte de la mobilité des terrains et de la rareté des pierres propres aux empierrements.

Mais, je reviens à mon dîner. J'étais placé au bout de la table entre mes deux recluses qui me prodiguèrent leurs attentions. Quand elles surent que j'étais veuf, je les vis se regarder en souriant. J'étais Auvergnat, et qui plus est de Champeix. Ne pouvaient-elles pas fonder quelque espoir de m'attacher à l'une d'elles ?

Ce qu'il y a de très vrai, c'est que leurs attentions redoublèrent pour moi : « Il fait trop vilain, il fait trop laid, il ne faut pas penser à vous en aller ; il faut coucher ici ; il ne faut pas *porter peine* (1) de votre fille ; elle est trop intéressante pour que tous ceux avec qui elle est n'en aient pas grand soin. Il ne faut pas nous quitter d'aujourd'hui. Demain matin, après un bon déjeuner, vous pourrez reprendre votre route plus gaiement. »

Je sentais bien toute l'importance de cette invitation. C'eut été, en effet, ne point les quitter que de coucher là, puisqu'il n'y avait pas d'autre pièce que celle où nous étions, et d'autres lits que ceux qui étaient autour. C'eut été très flatteur pour un jeune homme qui se fût trouvé dans d'autres circonstances.

J'aurais couché là comme au bon vieux temps dont les usages s'étaient encore conservés dans la montagne parmi les gens communs. J'aurais conversé de mon lit, avec mes belles, comme c'était encore l'usage dans ce pays. Je les aurais régalées de quelques contes. Mais, je ne pouvais manquer de parole à Marguerite et la laisser coucher seule dans une chambre où étaient logés plusieurs étrangers.

Ces raisons furent senties, avec grand regret, par mes hôtesses. Pour les consoler de mon départ, je leur promis de revenir les voir, peut-être même avec ma fille, et nous ne nous quittâmes pas sans nous embrasser bien cordialement. Comme il commençait à faire très obscur, elles commandèrent à un valet de m'accompagner avec une lanterne, jusqu'à l'entrée de la vallée du Mont-Dore. Je ne refusai pas; et, pendant ce trajet, ce valet m'apprit bien des choses sur ces demoiselles et sur leur oncle, dont elles avaient toute la confiance et dont elles devaient hériter d'une grande fortune.

J'étais cependant dans une grande inquiétude, ne sachant pas comment ma fille avait passé sa journée Je n'eus qu'à la féliciter sur les complaisances qu'on avait eues pour elle, quand, à mon arrivée, je la trouvai, en bonne compagnie, à la table d'hôte de notre auberge. C'était dans une salle

(1) Locution auvergnate, synonyme de *être inquiet.*

isolée et séparée du grand corps de logis, où se trouvait notre chambre. On avait prié Marguerite de chanter et, en ce moment, on ne tarissait pas en éloges sur la flexibilité de sa voix. Il y avait là pourtant un homme qui ne m'aimait guères et à qui la belle voix de ma fille ne pouvait faire plaisir. C'était un pharmacien de Clermont, nommé Mossier (1), avec qui j'avais été lié autrefois et avec qui j'avais étudié dans mon jeune âge. Il était choqué de me voir arrivé à quelque chose, sans que je l'en eusse informé, ayant cessé toute relation avec lui. Ma conduite était conforme au plan que je m'étais proposé. Ainsi que je l'ai dit dans mes *Mémoires*, j'avais éprouvé tant de peines, de chagrin, et, je puis dire, tant d'humiliations, dans mes commencements, que tout ce qui pouvait m'en rappeler le souvenir me faisait une peine extrême. Si j'avais eu à me louer de mes anciennes connaissances, je n'aurais pas adopté ce plan de conduite et la reconnaissance m'en eût dicté un autre. Mais, j'avais à m'en plaindre et je voulais les oublier et m'en faire oublier. On a vu dans ces mêmes *Mémoires*, si je ne savais pas être reconnaissant et si je manquais, à chacune de mes arrivées à Clermont, de faire visite à Montel et à Pérol, qui ne m'avaient jamais oublié dans ma détresse et m'avaient rendu tous les services possibles. Je n'avais pas non plus oublié cet Ozy, dont j'ai tant parlé.

Cependant l'histoire de Mossier, qui s'était déjà fait une grande réputation dans la province et que le célèbre de Saussure cite, avec éloge, dans ses ouvrages, est assez singulière pour mériter d'être rapportée ici. L'on verra pourquoi il se trouvait ici en ce moment. Ce pharmacien avait pour père un homme qui, je crois, avait été receveur des tailles à Aurillac, et, comme la naissance de ce fils était un scandale pour lui, il l'avait dépaysé et envoyé, je ne dirai pas pour l'y faire élever, mais nourrir, près de Clermont, chez quelqu'un de sa connaissance. Quand il fut un peu grand, on le fit offrir à un apothi-

(1) Sur ce savant distingué, consulter : Mège, *l'Académie des sciences, belles-lettres et arts de Clermont-Ferrand.* Clermont-Ferrand, F. Thibaud, 1884, in-8°, page 231.

caire de Clermont, nommé Bompar, qui avait quelque réputation, quoique ne la méritant pas. Celui-ci, le reçut moyennant une pension qu'il touchait sans savoir de qui elle lui venait. Peu à peu, ce jeune homme s'éleva dans cet art, ou plutôt ce métier, car ce n'était que cela, alors, à Clermont et dans bien d'autres villes, où les lumières de la chimie n'avaient pas encore pénétré. Ce Bompar avait une nièce passablement jolie, ainsi que sa mère qui, étant tombée dans la misère, était venue se réfugier chez son frère qui passait pour riche et n'avait pas d'enfants. Peu à peu, ces deux enfants s'attachèrent ensemble et se promirent le mariage dans le plus grand secret, à cause de la femme de l'apothicaire extrêmement jalouse contre sa nièce qu'elle ne pouvait souffrir. On a souvent soutenu avec raison qu'une femme jalouse et qui a quelque esprit est véritablement un fléau dans une maison. Celle-ci était un argus terrible pour nos deux jeunes gens qui n'avaient pas même la faculté de se regarder devant elle, tandis qu'ils étaient fort approuvés de la mère de la demoiselle qui voyait son seul bonheur dans cette union.

Cependant ce mariage était si convenable, Bompar devenant vieux et ayant besoin de quelqu'un qui pût tenir sa boutique, que la mégère y consentit quelques temps après le retour de Mossier, de Paris. La renommée ayant annoncé au père de ce jeune homme qu'il avait un fils digne de lui, le receveur des tailles avait fait cesser son incognito. Devenu paralytique, il s'était fait transporter au Mont-Dore, dans l'espoir d'y trouver la guérison, et y avait fait appeler son fils qui s'y trouvait en ce moment.

Parmi les convives de cette table se trouvait une personne qui m'intéressait bien autrement. C'était la fille du subdélégué de Mauriac (1), jeune et jolie personne. Son père m'avait reçu si gracieusement et si amicalement, pendant le petit séjour que

(1) Les subdélégués étaient des magistrats ou officiers tenant leur nomination directement de l'intendant et exerçant, dans différentes parties de la généralité, une portion de l'autorité de ce dernier. Chaque élection comprenait une ou plusieurs délégations ou contingents de paroisses.

Le subdélégué de Mauriac fut, de 1768 à 1786, M. Jean-Baptiste Vachier de Tournemire.

j'avais fait, quelques années auparavant, à Mauriac, qu'à mon arrivée au Mont-Dore, je l'aurais vue avec un bien grand plaisir, si je n'avais été surpris bien péniblement de la trouver affectée d'une extinction de voix si grande qu'elle ne pouvait se faire entendre qu'à la façon des muets. Cette pénible situation lui était venue à la suite d'une danse forcée, c'est-à-dire trop longtemps continuée. Son père qui l'idolâtrait, n'ayant que cette enfant, avec une fortune considérable à lui donner, était dans le désespoir de la voir dans cet état et l'avait conduite lui-même à ces bains, dans l'espérance que l'usage de la source de la Magdeleine, renommée pour tous les maux de poitrine et de gosier, la guérirait. Cependant, il y avait déjà trois semaines qu'elle continuait son traitement, sans qu'il se fût produit de changement dans son état. Elle avait ma fille à côté d'elle et venait de l'entendre chanter sans pouvoir lui témoigner le plaisir qu'elle avait éprouvé. Pour ne plus revenir à cette jeune fille, dans ce récit, je dirai qu'au moment où je partais, pour me rendre au lieu de ma naissance, elle m'envoya précipitamment sa bonne, pour me prévenir que, venant de recouvrer la voix, elle désirait beaucoup de me revoir. J'en eus beaucoup de plaisir. J'appris de cette bonne que la voix lui était revenue tout à coup, et, qu'à l'instant même, elle avait expédié un courrier à son père, pour l'informer de cette heureuse nouvelle.

Les accidents du genre de celui de cette demoiselle sont très fréquents parmi les jeunes filles de l'Auvergne, en raison de leur extrême passion pour la danse. C'est avec raison que Legrand d'Aussy, qui a très bien dépeint le caractère des Auvergnats, a remarqué que l'amour de ce divertissement dégénère chez eux en une espèce de fureur, et principalement dans les montagnes, ce qui peut s'attribuer au grand froid qu'on y éprouve en hiver (1). C'est, d'ailleurs, le plaisir des gens oisifs

(1) Le tableau que nous trace Legrand d'Aussy de la danse et des danseurs auvergnats est d'une vérité trop frappante pour que nous ne le reproduisions pas ici :

« Après le plaisir de boire, nous dit cet auteur, le plus grand que connaisse l'Auvergnat, est celui de danser. Mais son caractère apathique n'étant point

et ignorants ; or, dans ce pays, les filles ne reçoivent aucune espèce d'instruction, hormis celle qu'elles puisent dans la lecture des romans, et je parle ici de celles que leur naissance et leur fortune élèvent au-dessus du commun du peuple. Je remarquerai encore ici que ce sont les jeunes filles les plus jolies et ne se pressant pas de se marier, comme celle dont je parle, qui portent l'amour de la danse au plus haut point. J'en ai vu la preuve, par moi-même, lorsque j'étais à Mauriac. J'allais tous les jours chez le père de cette jeune personne et je remarquais qu'elle s'efforçait sans cesse de faire naître l'occasion d'une danse ou d'un bal. Après le dîner, venait un ingénieur des ponts et chaussées, fort joli garçon, qui lui faisait la cour. Malheureusement pour elle, ce jeune homme était studieux, appliqué à son état. Etranger à l'Auvergne, il ne se souciait guère de danse, surtout en voyant l'indifférence de la demoiselle pour les vœux qu'il lui adressait.

Je reviens à ma fille. Tout enfant qu'elle fût, sachant bien que je l'avais menée au Mont-Dore plutôt pour son plaisir que pour la guérison d'un mal que la croissance devait faire disparaître, elle ne s'était attachée à personne et se disposait à partir quand je le voudrais. Du reste, elle se souvenait de ma promesse de la faire revenir dans la Limagne, non pas sur un

fait pour trouver de l'amusement dans une danse grave et gracieuse, il lui en a fallu une qui, par sa vivacité, fût propre à le secouer. Or, telle est celle qu'il a inventée et qui porte le nom de *bourrée d'Auvergne*. C'est une sorte *d'allemande* qui, avec beaucoup de mouvement, est néanmoins monotone et insipide, n'a ni les passes si multipliées de l'allemande véritable, ni ses figures si variées, ni ses tableaux si agréables, ni enfin ses attitudes si voluptueuses, et trop voluptueuses peut-être. « Dans les bals, dit Fléchier, on danse ordi» nairement les bourrées, soit parce qu'elles conviennent fort au pays, soit » parce qu'il est permis de saluer la dame et de baiser; ce qui ne se fait point » ni pour les courantes, ni pour les autres espèces de contre-danses. »

« L'habitant des campagnes, comme l'habitant des villes, a ses danses aussi et particulièrement sa bourrée. Mais la sienne, plus grossière encore et plus agreste, s'appelle la *montagnarde*. Ordinairement, il ne danse qu'au chant et au son de la voix, excepté dans certains mariages opulents et autres fêtes d'éclat, où l'on fait venir une cornemuse (musette), instrument qui, dans le pays, porte le nom de *chèvre*, parce qu'il est fait avec la peau de cet animal. » — *Voyage d'Auvergne*, tome III, page 346.

âne, mais en litière, le véhicule le plus usité dans ces montagnes, et elle était pressée de jouir de ce plaisir. D'un autre côté, voyant la dame jaune, qui avait été si bonne pour elle, sur le point de quitter aussi les bains, Marguerite n'en avait que plus d'empressement à s'éloigner de ce lieu, pour aller rejoindre son frère et son oncle qui nous avaient donné rendez-vous à Champeix. Elle souffrait, en outre, beaucoup, de voir souffrir un jeune garçon dont elle avait fait la connaissance. Cet enfant éprouvait d'horribles douleurs dans une jambe qui s'était raccourcie tout-à-coup. Son père, qui l'avait conduit pour cela au Mont-Dore, voyant que les eaux ne produisaient pas l'effet espéré, lui tirait cette jambe d'une manière cruelle. Cet homme, riche propriétaire du Bas-Limousin, regardait comme un déshonneur de voir boîter son unique enfant. En le voyant agir si sottement, je suivis la pente de mon caractère et lui reprochai avec indignation de vouloir ainsi forcer la nature. Mon indignation n'était pas moins grande contre le médecin, qui avait la sottise d'approuver cette barbarie.

Ce serait ici le cas de parler de ces médecins des eaux minérales, privilégiés par le second du roi qui, en sa qualité de conseiller d'Etat, s'était arrogé le droit de disposer de ces places. Ce serait le cas de parler de leur fausseté et de leur complaisance quand il s'agit de gagner de l'argent. Ayant déjà eu occasion de traiter ce sujet dans une aûtre circonstance, je ne veux pas me répéter.

Il y avait enfin aux bains un autre personnage que je n'étais pas très fâché de quitter. C'était un jeune commandeur de Malte, haut et fier jusqu'à l'impertinence, qui, disait-il, me supportait en considération de la gentillesse de ma fille. Il n'allait prendre ses bains que lorsqu'il savait qu'on devait la doucher; car, de sa baignoire, il était régalé de ce qu'il lui entendait dire.

La litière, dans laquelle nous devions nous embarquer pour aller à Champeix, lieu de ma naissance, étant arrivée à l'heure convenue, ma fille y monta avec plaisir. Quant à moi, trouvant une espèce de honte à user d'une voiture destinée aux malades ou aux femmes, je préférai marcher avec le conducteur, promettant cependant à ma fille de prendre place à ses côtés, quand nous aurions dépassé la Croix-Morand, qui sert de guide aux voyageurs dans toutes les saisons, mais surtout en hiver; car, en cet endroit, il n'y a pas de chemin tracé, mais simplement plusieurs petits ravins.

Notre conducteur connaissait un grand nombre d'anecdotes dont il régalait ses voyageurs. J'appris de lui des choses que je n'étais pas fâché de savoir. Il m'entretint surtout d'un homme dont j'avais été le camarade d'infortune dans mon extrême jeunesse, et qui avait acquis une fortune brillante en épousant la fille d'un aubergiste du Mont-Dore, qui lui avait porté en dot un beau domaine près d'Orcival et, en outre, une grande vacherie d'un rapport net d'au moins mille écus de rente. Il me conta aussi que deux jeunes gens, portant l'uniforme de maréchal de camp, et que j'avais connus dans un de mes précédents voyages, ne s'étaient trouvés autres que deux francs escrocs. Les eaux minérales attirent ces messieurs plus que tous autres lieux où l'on passe, comme aux eaux, son temps à jouer. Le Mont-Dore, lieu sauvage, en comparaison de Bagnères, de Vichy et de Bourbon, n'était pourtant pas réputé pour être le rendez-vous de ces vauriens; mais, depuis quelque temps, leur engeance s'étant multipliée considérablement, il a bien fallu qu'ils se divisent et se répandent dans tous les endroits où il y a de bons coups à faire. J'appris bientôt ensuite qu'ils partaient tous de Paris et se distribuaient leurs régions, mais que les plus habiles étaient destinés à Spa, où il n'est pas facile de se déguiser. Au Mont-Dore, au contraire, il suffit d'avoir des allures familières, de se poser en bon Français, de paraître assez malade pour boire de l'eau de la Magdeleine, pour ne pas tarder à inspirer de la confiance. A la vérité, il n'y a pas encore ici de salle destinée spécialement au jeu comme dans les autres stations que je viens de nommer, mais parmi les aubergistes du village, un nommé Cohadon, voulant se distinguer, a non-seulement agrandi considérablement sa maison, mais, chose fort extraordinaire et fort inconnue dans ce pays, a fait construire une salle destinée à réunir les baigneurs logés chez lui (1).

Après que nous eûmes dépassé la Croix-Morand, me sentant un peu fatigué, je me décidai à monter dans la litière. A partir de cette croix, le chemin n'est plus le même, c'est un sentier entièrement dépourvu de pelouse et bordé des deux côtés de murs construits en laves. J'arrivai en cet équipage au village de Ludesse, qui n'est éloigné de Champeix que de trois quarts de lieue. A peine avions-nous mis pied à terre, que nous entendîmes le tambour et le fifre, les instruments de réjouissance les plus usités dans la Limagne d'Auvergne. Je compris que c'était une surprise que l'on avait voulu faire à ma fille, pour fêter son entrée dans le lieu de ma naissance. J'avais en effet ordonné à un de mes neveux de commander un bon repas et d'y inviter, non-seulement tous ceux de ma famille, mais encore tout ce qu'il y avait de mieux, et de leur dire que ce dîner serait suivi d'un bal. Mais, à bien des égards, je fus trompé dans mon attente, car je trouvai la plupart des membres de ma famille brouillés et se haïssant mortellement. Plusieurs d'entr'eux ne voulurent pas prendre part à cette fête. Le repas fut, de plus, très mauvais : les plus belles écrevisses que j'eusse mangées depuis bien longtemps étaient si mal apprêtées, que j'en eus un extrême regret, non pas par rapport à moi, mais à cause de la société de Vic-le-Comte, à laquelle j'avais donné rendez-vous et qui, en effet, n'avait pas manqué de venir.

Le plus avare de ma parenté, un certain Dubreuil, avait consenti à me prêter la maison dont il avait hérité de nos

(1) A cette époque, il se jouait déjà en Auvergne de fortes parties de cartes, ainsi qu'on peut en juger par l'extrait suivant : « Il y a eu de grandes fêtes à Clermont, pendant le carnaval (1779), de gros jeux de pharaon et de trente et quarante. Les officiers du Royal-Roussillon ont beaucoup joué. » — *Journal manuscrit de Jean Tiollier, avocat, conseiller du roi* (1772-1789). *Bibliothèque de Clermont.*

Les jeux les plus usités alors étaient le whist, le lansquenet et le pharaon. Les joueurs de profession fréquentaient surtout les établissements d'Aix et de Spa.

Pour plus de détails sur ce sujet, nous renvoyons nos lecteurs à *Paul Boiteau, Les cartes à jouer et la cartomanie.* Paris, Hachette, 1854, in-8°.

cousines communes, les demoiselles Detuelle, vieilles filles dévotes, qui n'ayant pas trouvé à se marier, avaient fait une assez grande fortune, en vendant leur vin au détail.

Après le dîner, le bal s'ouvrit au son du tambour et du fifre, et les jeunes demoiselles de Champeix donnèrent à ma fille ses premières leçons de bourrée. Tout se passa du reste fort bien, l'on se moqua fort de ceux ou de celles qui n'étaient pas venus, et on les condamna à bouder le reste de leur vie, si cela leur convenait.

Le lendemain, ma fille et mon fils partirent pour Vic-le-Comte, et je leur promis de les rejoindre le plus tôt possible, quand j'aurais terminé l'exploration minéralogique des environs.

Je croyais sortir de mon pays natal franc et quitte envers tout le monde, mais je vis que le fifre et le tambour ne l'entendaient pas ainsi ; car, quoique j'eusse donné à mon neveu de quoi les payer suffisamment, ils prétendirent m'obliger à leur donner encore quelques sous. Quoique très surpris de leur insolence, voyant que ces pauvres gens me regardaient comme un parvenu riche et qu'ils n'espéraient plus me revoir parmi eux, je leur donnai encore neuf écus à se partager, ce qui leur fit chanter victoire et me combler de leurs bénédictions. Je faisais en effet alors un éternel adieu à mon pays, n'y possédant plus rien qui pût m'y attirer, après l'abandon fait à ma sœur du peu de bien qui m'y restait encore. . . . .

. . . . . Après avoir ainsi pris congé de mes compatriotes, je me mis en route avec mon neveu pour faire la tournée dont je viens de parler. Dans ma hâte de sortir de ce lieu, le plus profond de l'Auvergne et le plus digne de l'attention d'un naturaliste, je ne me donnai pas le temps de déjeuner. J'eus grand tort ; car je vis bientôt que je serai forcé de passer ma journée comme un anachorète, ou comme un pauvre qui n'a rien pour acheter de quoi manger. Nous passâmes d'abord par Montaigut-le-Blanc, ce village si renommé par sa singulière position et dont j'ai parlé amplement dans une autre occasion. J'ai dit qu'il est bâti sur une énorme masse de granit élevée en pointe sur le bord de cette rivière appelée la Couze, qui traverse Champeix et va se jeter dans l'Allier, au village de Coudes. Au pied de cette masse, se trouvent des moulins et quelques misérables auberges, où nous aurions pourtant dû nous arrêter pour déjeuner tant bien que mal. Mais, espérant trouver quelque chose de meilleur ailleurs, nous poussâmes plus loin. Avant de partir de Champeix, j'avais arrêté l'itinéraire de cette excursion dans laquelle je devais parcourir un cercle d'une quinzaine de lieues. Mais, j'avais compté sans le temps. A peine avions-nous dépassé Montaigut (1), que la pluie vint nous faire repentir de nous être mis en route. A mesure que nous montions, elle devenait plus intense; car, c'est un fait connu en Amérique, qu'il est des temps où il fait beau dans la plaine et mauvais sur les hauteurs.

La route que nous suivions, et qui est celle de Besse, petite ville voisine du Mont-Dore, avait été faite récemment par une compagnie de Paris, qui était venue dans ce pays prendre une entreprise sans exemple : l'exploitation des bois de sapins des montagnes qui dominent cette petite ville. En suivant ce chemin, nous aperçûmes bientôt la montagne volcanique la plus hideuse et la plus déchirée qu'il y ait en Auvergne. Elle est d'autant plus remarquable de loin qu'elle est rougeâtre. On l'appelle, si je ne me trompe, la montagne de St-Julien; j'en ai suffisamment parlé dans un de mes précédents récits, pour n'en rien dire de plus. En quittant cette grande route pour prendre à gauche et entrer dans la vallée de Coteuges, nous passâmes bientôt devant une gentilhommière de ce nom, située au milieu d'énormes tas de laves qui semblent avoir été assemblés là exprès. C'était la résidence d'une famille de nobles pauvres, comme il y en avait tant alors dans

(1) La terre de Montaigut-le-Blanc ou sur Champeix a donné son nom à une illustre maison d'Auvergne qui a produit Guérin de Montaigut, grand-maître de l'Ordre de Saint-Jean de Jérusalem en 1209, et plusieurs chevaliers des Croisades. Elle passa, en 1513, à la maison de Chabannes-Lapalisse, puis à la maison d'Allègre qui, en 1785, la vendit à Jean-Charles, comte de Laizer de Brion.

ce pays-là (1). Les environs de cette gentilhommière, extrêmement resserrés non seulement par cet énorme assemblage de pierres, mais encore par les côtes de la vallée, sont d'un terrain maigre et peu productif. Les habitants de ce château étaient trois frères, assez embarrassés de leur personne, et n'ayant guère, pour passe-temps, que la chasse. Ils n'avaient malheureusement pas de goût pour l'état militaire, qui était pourtant la meilleure ressource pour la noblesse pauvre. Deux d'entr'eux se décidèrent à prendre ce qu'on appelait le petit collet et à faire le premier pas pour arriver à la prêtrise. Mais ils ne purent parvenir à autre chose qu'à se faire nommer chanoines de cette église de Brioude qui donnait à ses chanoines le titre de comte, à l'imitation de la métropole de Lyon. Les chanoines de Lyon ayant obtenu la permission de se décorer d'un ruban rouge en cordon, ceux de Brioude, quoique bien plus pauvres, parvinrent aussi à se faire décorer d'un ruban bleu tendre. . . . .

. . . . . Ces Messieurs de Coteuges ne manquaient pas de venir, de temps en temps, se montrer dans leur pays, dans tous les environs, et même jusqu'à Paris. Louis XVI, malgré sa bonté et sa dévotion, fut tellement indigné de cet orgueil, qu'il fit défense à ces chanoines de jamais paraître avec leur décoration à Paris, à Versailles et encore moins à la Cour. Cette défense était d'autant plus juste, que le cordon bleu se confondait avec celui du Saint-Esprit, et le rouge avec le grand cordon de Saint-Louis. . . . .

. . . . . Je m'étends beaucoup sur cette famille parce que mon frère avait été lié intimement avec elle, et que les deux chanoines lui firent donner une place de chanoine à St-Germain-Lembron, lorsque, lassé d'être vicaire, il voulut renoncer au ministère. . . . .

(1) Joseph et François-Joseph de Nozières de Montal de Coteuges : le premier entra, en 1728, au chapitre de Saint-Julien de Brioude dont il fut syndic, et mourut à Coteuges le 18 août 1785; le deuxième entra au même chapitre en 1732, fut prévôt en 1779, et vivait encore lors de la suppression de ce corps.

. . . . . Je rencontrai près de cette gentilhommière des noyers superbes poussant admirablement entre ces rochers, grâce à la terre volcanique fine qui s'y trouve. Tous les étrangers qui sont venus en Auvergne se sont toujours étonnés d'y voir de si beaux noyers. A cette occasion, je dois faire remarquer que cette terre volcanique produit le même effet sur les sapins. Ceux qui poussent dans ces terrains se distinguent surtout dans la croissance de leurs branches latérales; tandis que ceux qui viennent ailleurs, par exemple dans les terrains granitiques et sableux, comme j'ai pu m'en convaincre dans le trajet que j'ai fait entre St-Rambert-sur-Loire et la Chaise-Dieu, croissent plus difficilement, ne donnant qu'une seule tige qui reste bien longtemps faible et grêle. Mais aussi ces arbres donnent de bien meilleures planches, qui ne sont pas remplies de nœuds, comme celles provenant des sapins dont nous parlons. Telle est la principale raison pour laquelle on n'exploite pas ces sapins que l'on laisse tomber de vétusté, comme nous l'avons vu dans la forêt de Chanaux.

La vallée dont je parle est encore curieuse en ce qu'elle est entièrement en pente; je crois qu'elle est la plus penchée de la Basse-Auvergne. Sa partie supérieure tient de la nature de la montagne, tandis que sa partie inférieure participe de celle de la Limagne. On sait que, dans le langage auvergnat, le mot montagne ne désigne pas toujours un pays élevé ou escarpé, mais un pays assez froid pour ne pas produire ce que produit la Limagne. A la vérité, nous venons de voir de fort beaux noyers à l'entrée de cette vallée, mais ces arbres se multiplient à mesure que nous la descendons. Un peu plus bas, nous trouvons la vigne, et comme cette vallée est très large, on peut la considérer comme une petite Limagne. Dans son milieu, se trouve une petite cité très ancienne qui en était regardée autrefois comme la capitale, et qui est connue aujourd'hui sous le nom de Saurier (1). C'était là que j'avais le projet d'aller me res-

(1) Le village de Saurier, situé sur la Couze d'Issoire, a fait partie de l'ancien comté d'Auvergne, puis appartenu aux Dauphins. Cette terre fut vendue, vers le XVIe siècle, à Thomas Boyer, intendant général des finances, puis suc-

taurer, mais une circonstance m'en empêcha ; la voici : un paysan venant de ce bourg m'apprit que le nouveau seigneur du lieu y était et qu'il allait partir, dans cet instant même, avec son homme d'affaires, M. Lafond, d'Issoire. Je me souvins alors que M. Bertin, le ministre dont je dépendais, m'avait dit que vraisemblablement il achèterait la terre de Saurier, en Auvergne. — « Connaissez-vous ce pays-là m'avait-il dit. » — « A peu près, lui avais-je répondu ; mais je ne crois pas que ce soit une terre de grande importance et qui vous convienne ; c'est un terrain montagneux, graveleux et de peu de rapport. » Ayant appris plus tard qu'un ministre en avait fait l'acquisition, par l'entremise de ce M. Lafond, d'Issoire, je ne doutai pas que ce ne fût lui ; d'autant plus que le paysan avait ajouté : « C'est bien un grand seigneur, car il a un beau et grand ruban bleu sur sa veste, et, sur son habit, une belle plaque d'argent qui brille comme une étoile »

M. Bertin, comme on sait, était décoré du Saint-Esprit et alors, quoique loin du ministère et en une espèce de disgrâce, il était resté le grand trésorier de cet ordre. Un homme décoré, dans un pays aussi arriéré et aussi éloigné de Paris, devait être un phénomène ; jamais, probablement, on n'en avait vu un. Voilà pourquoi on s'était empressé, encore plus à Saurier qu'à Issoire, de lui faciliter les moyens de faire rouler son carrosse, car il ne pouvait ou il ne voulait aller autrement dans sa nouvelle terre. Ce paysan ajouta qu'on avait mis plus de huit jours à aplanir les chemins et à réparer le pont sur lequel on traverse la petite rivière qui coule devant Saurier. Ce pont était de bois et si étroit qu'il était impossible qu'un carrosse y passât sans danger.

Jamais, je crois, un honnête homme qui a quelque délicatesse ne se trouva plus embarrassé que je le fus en ce moment. Irais-je ou n'irais-je pas me faire reconnaître à mon ancien ministre? S'il me rebute, me disais-je, mon amour-propre

cessivement à la maison de Montboissier, et au ministre Bertin, pour les droits qu'il avait sur les biens de la maison du comte de Canillac, lieutenant général des armées du roi.

en souffrira beaucoup. Dans un autre de mes passe-temps, j'ai peint, je crois, ce ministre au naturel, l'ayant vu souvent de fort près. Son plus grand mérite était d'avoir l'esprit d'intrigue et de connaître parfaitement l'esprit de la Cour. C'était du reste un franc paresseux, incapable de travailler longtemps, même pour son intérêt, mais flatteur des grands et des savants. Je me serais étonné de voir un homme avoir fait un aussi grand chemin, si je n'avais su que l'esprit dont il était doué est précisément celui qui réussissait le mieux en ce temps-là. Je me disais aussi que peut-être il me ferait un excellent accueil et me saurait gré de faire des recherches minéralogiques sur sa terre.

Pendant que je me livrais à ces réflexions, je vis passer sur ce pont de bois son carrosse précédé et suivi de courriers. Le voyant venir de mon côté, je n'eus que le temps de me cacher derrière un noyer, pendant qu'il se dirigeait vers le chemin de Montaigut, pour de là gagner Issoire en passant par Champeix.

Cette singulière rencontre me troubla tellement que je perdis l'envie d'aller me rafraîchir et manger à Saurier, renvoyant cela au moment où j'arriverais à Saint-Floret, où nous comptions être bientôt et trouver de meilleures auberges, car ce village est un endroit très passager. Mais comme on va le voir, nous nous trompions fort.

Un peu au-dessous de Saurier, je vis le beau canal taillé dans le granit gris dont tout le fonds de ce pays est formé et par où coule la rivière dont la source est au lac Pavin. Cette rivière, qui n'est qu'un très gros ruisseau à sa sortie du lac, se grossit chemin faisant, soit avant d'arriver à Besse, soit en sortant, et peu après, s'ouvre un lit très incliné dans le granit. Elle arrive enfin dans la vallée qui m'occupe, par un canal si profond et si étroit, qu'on peut le regarder avec raison comme une des grandes merveilles de l'Auvergne. Je m'y arrête avec d'autant plus d'intérêt que j'ai remarqué que je suis à peu près le seul qui en ai parlé et fait connaître la nature. Caché dans ce pays éloigné des lieux de passage, je crois qu'aucun de ceux qui ont décrit l'Auvergne n'en a eu connaissance. Le seul qui aurait dû en parler est Desmarets (1), qui, le premier, a fait connaître le lac Pavin comme un gouffre provenant d'une bouche volcanique et d'où sort en tout temps plus d'eau qu'il ne paraît y en entrer. Ce canal est encore remarquable en ce qu'il paraît plus droit que tout autre, même taillé dans un rocher de même nature. Il pourrait en outre rendre problématique l'opinion qui commence à percer parmi les géologues, et qui consiste à demander si la nature a taillé les ouvertures ou vallées pour le passage des eaux ou si ce sont les eaux qui se sont ouvert elles-mêmes ce passage.

La pluie, le plus grand ennemi des minéralogistes, se mit à tomber avec tant de force au moment où je descendais de Saurier que je ne pus aller mesurer la hauteur de ce canal. En ce moment même, mon attention fut attirée par la découverte d'une belle source d'eau minérale qui jaillit pour ainsi dire sous mes pieds. Cette apparition soudaine d'une merveille si inattendue me fit le plus grand plaisir et, malgré le mauvais temps, je m'y arrêtai assez de temps pour en faire l'examen. Je vis d'abord qu'elle était gazeuse et ferrugineuse, son bouillonnement me le démontra aussitôt. Son goût piquant me le confirma amplement, et la poudre de noix de galles que je portais toujours sur moi, me la démontra très ferrugineuse. En l'absence de vase, ce fut le creux de ma main qui me servit à cette expérience. Mais ce qui me fit le plus grand plaisir, c'est la nouvelle preuve que j'acquis que ces sortes d'eaux, comme les thermales, ont leur siège dans le système graniteux ou rocher primitif. Dans un pays, où on est si riche en eaux de cette espèce, on ne fait pas grande attention à cette source, mais ailleurs on en eût fait le sujet d'une grande fortune. Cette source fort mal placée aurait été recherchée et découverte un peu plus

(1) Desmarets (Nicolas), physicien et géologue, membre de l'Académie des sciences, né en 1725, à Soulaines, en Champagne, mort en 1815.

Il a publié en partie le *Dictionnaire de géographie physique*, 1798-1828, 5 *vol. in-4*. On lui doit en outre un grand nombre de mémoires, notamment sur l'*Origine et la nature du basalte*, sur la *Constitution physique de la colline de Montmartre*.

haut dans le rocher. On l'aurait détournée et empêchée de sourciller dans ce petit sentier étroit ; on lui eût fait un bassin, où elle se fût rassemblée ; au lieu qu'elle se fait jour en plusieurs endroits à la fois. On la reconnaît à l'ocre qu'elle dépose en grande abondance. J'aurais bien voulu emporter de cette eau pour l'analyser chez mon frère, comme je l'avais fait l'année précédente, pour beaucoup d'autres, mais cela m'était impossible en ce moment. Toutefois, cette découverte, en me rappelant toutes celles de même nature que j'avais faites dans cette province, me fit ressouvenir de mon projet d'écrire l'histoire naturelle de toutes ces eaux, de donner leur analyse et de montrer combien la nature a été généreuse à son égard, tandis qu'elle a été si ingrate et si avare à l'égard de tant d'autres. Je m'y croyais d'autant plus obligé que j'avais annoncé plusieurs fois dans les feuilles publiques que l'Auvergne est le pays dela terre le plus riche en eaux minérales (1). J'avais dit qu'à commencer par sa capitale, Clermont, où l'on peut compter plus de quatre sources, on ne fait pas trois lieues à droite ou à gauche sans acquérir la preuve de cette vérité. Je puis ajouter actuellement qu'outre les sources déjà connues depuis longtemps, il en est beaucoup d'autres très inconnues encore, telle que celle-ci et celle que j'avais rencontrée, l'année précédente, à l'extrémité d'une vallée au-dessous d'un très pauvre village nommé Granderd (ou Grandera), non loin de Montaigut-le-Blanc et dont l'eau est absolument semblable à celle-ci. Il est malheureux pour ce pays, comme je l'ai dit encore, que quelque médecin bien charlatan n'ait pas pris ces eaux sous sa protection, n'en ait pas publié des merveilles et n'ait pas assuré d'avoir obtenu par leur moyen des cures surprenantes et merveilleuses.

Bientôt après, j'arrivai dans la vallée de Saint-Floret qui court en sens contraire, c'est-à-dire du sud à l'est, tandis que celle que je quittais va du nord-ouest au sud-est. Je me réjouis-

(1) V. *Dictionnaire des eaux minérales du département du Puy-de-Dôme*, par *V. Nivet*. Clermont-Ferrand, 1846, in-8°, et *Dictionnaire des eaux minérales du Puy-de-Dôme*, par *Ch. Truchot*. Paris, 1878, in-8°.

sais d'arriver à ce fameux village, ou plutôt à ce petit bourg, car on le regarde comme tel dans ce pays-ci, en raison du grand nombre de ses maisons rangées le long de la rivière en façon de quai. Un autre groupe de maisons forme l'ancien Saint-Floret qui était encore, à l'époque de mon passage, fermé de murs et pourvu de portes; car il faut remarquer que tous les lieux un peu anciens en Auvergne, occupés par des châtelains qui se faisaient continuellement la guerre, étaient murés. En voyant ce bourg appliqué et serré contre un rocher des plus hauts et des plus escarpés, on ne conçoit pas quel mauvais génie a pu déterminer des hommes à bâtir et à se fixer dans un tel lieu, d'autant plus mauvais qu'en hiver et dans les grandes eaux, il est inondé et impraticable. Saint-Floret est comme dans un gouffre, et en venant du côté de Montaigut ou de Champeix, on ne peut croire que l'on aille dans un pays habité, car on ne voit d'abord qu'une gorge fort étroite, resserrée des deux côtés par des massifs de rochers granitiques très élevés. Cependant, avant d'arriver dans ce gouffre, on aperçoit à droite avec étonnement une masure de château bâti sur ce même rocher.

Ce qui me réjouissait surtout en arrivant à Saint-Floret, c'était l'espoir de m'y restaurer; il était deux heures de l'après-midi et je n'avais rien pris de la journée. Mais nous ne trouvâmes, dans le meilleur bouchon du village, que du pain, du fromage et d'assez bon vin du pays.

Cela me rappela un repas du même genre fait, l'année d'avant, au village du Chambon, en venant de Besse; nous avions pu nous régaler d'un excellent mouton, car nous logions chez un boucher. J'ai parlé à cette occasion de ce fromage si connu dans toute l'Auvergne sous le nom de Saint-Nectaire ou Senneterre. C'est un petit fromage rond, qui ne se fabriquait, à l'origine, qu'avec du lait de chèvre, mais que, depuis que cette espèce d'animaux est devenue rare dans le pays, on fait aussi

(1) Saint-Floret faisait alors partie de la terre de Saint-Cirgues et du marquisat de Tourzel appartenant au comte de Sourches.

avec du lait de brebis (1). Ce fromage est la ressource de toutes les mauvaises auberges et de tous les pauvres ménages. Malheureusement il n'est pas de garde, étant sujet à être rongé bien vite par un ciron qui lui est particulier et dont on ne parvient à le garantir qu'en l'arrosant souvent avec du vin ou du vinaigre. Il fallut pourtant bien se contenter de ce maigre repas et espérer d'en trouver un meilleur ailleurs.

Je me souvins alors que j'avais eu autrefois à Saint-Floret une connaissance intime, je n'ose dire un ami, car si ce mot avait eu jadis quelque réalité, nous n'en avons retenu que le nom. C'était un certain Favard (2) qui était clerc de procureur à Paris, pendant que je suivais péniblement mon cours d'études ; quoiqu'il n'y eût entre nous aucune espèce d'affinité, nous nous liâmes par ce seul motif que nous étions du même pays. Ce jeune homme, qui avait beaucoup plus de ressources que moi, son père étant un des riches propriétaires du pays, avait ses idées entièrement tournées vers la religion, n'osait pas aller au spectacle et ne parlait que de se faire Chartreux. Mais étant venu passer le temps des vacances dans son pays, la vue d'une jolie paysanne changea totalement ses idées. Il consentit

(1) « A Saint-Nectaire, on voit couler de différents endroits des sources, les unes tièdes et aigrelettes, d'autres froides et salées. Les troupeaux, soit de vaches, soit de brebis, qui paissent aux environs, sont très friands d'aller boire à ces sources, et surtout les brebis qui, à leur retour du pâturage, courent rapidement autour de ces fontaines, pour y lécher le sel et le nitre qu'elles déposent dans leur courant. C'est peut-être à ces animaux qu'est redevable la bonté des fromages de Senecterre si vantés à Paris et presque dans tout le royaume. » *Mémoire adressé à M. Douniol, médecin à Besse, recueilli par Gault de Saint-Germain, dans des notes inédites sur l'Auvergne conservées par M. Paul Le Blanc, de Brioude.*

L'opinion que le sel a une influence sur la qualité de cet aliment a toujours été accréditée en Auvergne. Bruyerin Champier dit au sujet du fromage de ce pays : « Verum salis naturam inesse pabulis quibusdam in locis constat, etiam » ubi non detur. Si detur pecoribus auget lactis copiam, et casis dignitatem. » *De re cibaria*, p. 750. Lyon, *Sebast. Honorat*, 1560, in-8°.

(2) Il s'agit probablement de Favard de Langlade (Guillaume-Jean), né à Saint-Floret, en 1762, et qui fut successivement membre du conseil des Cinq-Cents, du Tribunat, du Corps législatif, maître des requêtes au Conseil d'Etat, président de Chambre à la Cour de Cassation. Il fut créé baron par l'Empire, à la suite de sa collaboration aux divers codes et mourut à Paris, en 1831.

à se faire avocat, comme le voulait son père. J'avais su tout cela, mais l'avais entièrement oublié, lorsque je reçus avis que Favard, ayant su à Champeix que j'étais en Auvergne, avait témoigné une grande envie de me revoir. Je doutai d'autant moins de la vérité de cette nouvelle que, pour mon compte, j'avais toujours eu le plus grand plaisir en revoyant mes anciennes connaissances. Je lui avais fait dire que la première fois que je reviendrais en Auvergne, je me ferais un vrai plaisir d'aller le voir. Je me dirigeai donc vers sa demeure, mais ne trouvai que sa servante qui lavait devant la porte sur le bord de la rivière, et me dit que son maître avait été obligé d'aller en campagne pour affaires.

Nous ne tardâmes pas à nous apercevoir que notre manière de voyager ne nous était pas favorable, et que, pour être bien reçu chez les Auvergnats, il faut se montrer à eux, en plus brillant équipage. Pour éviter ce désagrément, en sortant de Saint-Floret, j'aurais dû diriger mes pas vers Saint-Germain-Lembron, ville que je connaissais fort bien pour y avoir passé quelque temps chez mon frère qui l'avait habitée longtemps en qualité de curé de Saint-Clément (1), et de chanoine de l'église collégiale du même lieu. J'étais assuré de trouver là à me loger, mais je n'eus pas cet esprit, l'itinéraire de mon voyage actuel était tout autre : il s'agissait de monter, par le chemin le plus direct, vers Ardes, que je croyais n'être tout au plus qu'à trois lieues et demie de l'endroit où je me trouvais. Mon dessein était d'aller revoir la belle colonnade basaltique de Rentière que j'avais tant admirée trois ans auparavant. J'aurais voulu monter de là jusqu'à Allanches, que je ne connaissais pas ; mais j'avais compté sans le ciel. Nous étions vers la fin de septembre et le temps qui avait commencé à devenir pluvieux, pendant que nous étions dans la vallée de Saurier, devait me forcer de renoncer à une grande partie de mon itinéraire.

(1) L'une des trois églises de la ville de Saint-Germain (les deux autres étaient Saint-Jean et la collégiale de Saint-Germain). Elle est mentionnée dès le xe siècle et était située sur un point culminant à l'extrémité Sud-Est de la ville. V. M. l'abbé Chaix : *le Chapitre de Saint-Germain*, 1869, in-8°.

La vallée où j'étais alors est si belle, si fertile et si digne d'admiration pour un amateur de la nature comme moi, que je m'attardai à la contempler. Il n'y avait pas de lune et je ne pouvais marcher que dans l'incertitude, dans un pays qui m'était inconnu. Si, comme il y a lieu de le croire, les vallées de l'Auvergne sont peuplées en raison de leur fertilité, on peut assurer que celle-ci fournit un exemple bien frappant de ce principe; car, de Saint-Floret à Issoire, qui est à l'autre extrémité de la vallée, c'est-à-dire à la distance de deux lieues et demie, on compte cinq gros villages qu'en d'autres pays on nommerait bourgs, à savoir : Saint-Vincent, Saint-Cirgues, Chidrac, Meillaud et Perrier. Les arbres fruitiers y sont en raison de cette même fertilité résultant de l'accumulation très considérable du terreau déposé par la rivière qui arrive là par une grande pente. Ce terreau très fin, comme je l'ai fait observer plusieurs fois, est dû à la destruction des rochers volcaniques qui fournissent ainsi aux arbres une nourriture des meilleures. C'est ce que j'admirai à ce premier village nommé Saint-Vincent, où la vallée s'élargit considérablement, tandis qu'elle est très resserrée à Saint-Floret.

J'avais alors à gauche cette vaste montagne nommée le puy de Lavelle si remarquable par la variété de sa composition. Quelques autres, surtout celui de Corent, dont j'ai parlé dans mes précédents voyages, ne diffèrent du terrain ordinaire de cette province que parce qu'ils sont couronnés par les coulées de laves qui se montrent d'une épaisseur plus ou moins grande et qui y forment ces rangées basaltiques que l'on y vient admirer, au lieu que le puy de Lavelle paraît être formé, depuis le bas jusqu'au haut, de différentes terres volcaniques colcotarisées (1). Au nord, et surtout du côté de Champeix, on le voit rougeâtre; aussi, cette partie est-elle peu productive, tandis que du côté où j'étais, c'est-à-dire au midi, on le voit de la plus grande fertilité, formé d'une terre noire provenant bien visiblement de la destruction de ces laves. Il en résulte que tout ce côté est

(1) Mêlées de colcotar ou protosulfate de fer calciné.

bien pourvu de vignes produisant un excellent vin extrêmement coloré en rouge foncé. Ce puy est regardé comme ayant au moins trois lieues de circonférence à sa base : les trois quarts de cette circonférence sont en vignes. Le village de Lavelle est placé, comme celui de Corent, sous l'entablement de la montagne, comme si on avait voulu le soustraire à l'écrasement résultant du fréquent détachement des colonnes basaltiques. Mais, voici la véritable cause de cette singulière position, c'est que les habitants de ce village trouvent ainsi le moyen de faire facilement des caves sous cet entablement, où se trouve une terre friable et légère, très facile à creuser. Dans cette position, ils avaient l'espoir d'avoir facilement de l'eau qui transsude de toutes les parties de la coulée et forme des sources abondantes.

Le désir d'aller coucher, le même soir, à Ardes, m'empêcha de contempler plus longtemps ce spectacle et cependant cela m'était impossible. Toutes reflexions faites, nous prîmes le chemin d'un village nommé Tourzel, fort renommé jadis comme le chef-lieu de ce fameux marquisat, le plus étendu et le plus riche de toute l'Auvergne. Longtemps il fut l'apanage d'une famille qu'on appelait d'Allègre. De cette maison, il passa par succession à Madame de Rupelmonde : de cette dame à un jeune seigneur qui se faisait appeler le marquis de Tourzel, et qui, accompagnant le roi à la chasse dans la forêt de Fontainebleau, monté sur un cheval fougueux et indompté, eut la tête brisée contre un arbre. Cependant, après avoir monté la côte, réfléchissant mieux, nous vîmes qu'en prenant par Tourzel nous nous écarterions beaucoup trop de la ligne droite ou du chemin que nous devions suivre. Nous prîmes donc par Antoing, autre village considérable, où nous aurions dû nous arrêter pour coucher; mais ayant appris que, malgré son importance, il n'avait aucune auberge, mais seulement quelques bouchons, où l'on vendait du vin, nous résolûmes d'aller demander l'hospitalité dans un monastère de Bernardins, fort renommé en Auvergne et nommé Mégemont (1).

(1) Abbaye de cisterciennes fondée vers 1206, par Guillaume VIII, 1er dauphin d'Auvergne. Le roi Charles-le-Bel confirma cette fondation en 1322.

Après une demi-heure de marche, nous nous trouvâmes à la porte de cette abbaye ; l'aboyement de gros chiens nous en avertissait. Pour arriver jusque-là, il nous avait fallu beaucoup monter, puisque nous approchions du pays réputé montagne; mais je ne pus rien voir en ce moment et réservai mes observations pour le lendemain.

Lorsque nous fûmes entrés, on nous mena aussitôt auprès du supérieur (1) que nous trouvâmes seul, se promenant dans sa chambre. Il nous fit le meilleur accueil, après que je lui eus indiqué l'objet de mon voyage, et que je lui eus cité les académies dont j'étais membre. Je lui parlai ensuite de choses qui pouvaient l'intéresser davantage, de l'intendant de Clermont, à qui j'avais été adressé, des autres personnages de la province que j'avais vus et qui m'avaient accueilli. Tout ceci lui fit prendre sur mon compte une meilleure idée que celle qu'il avait eue au premier abord. Je lui expliquai, en outre, que je me rendais à Ardes, pour revoir la belle colonnade de Rentières, ce phénomène unique dans son genre, que plusieurs savants de la France et même de l'Angleterre, étaient venus admirer. Cela nous mena à parler de l'effroyable malheur arrivé, quelques années avant, près du même lieu, par l'éboulement d'une partie de la montagne.

Pendant que nous causions ainsi, je vis des domestiques venir lui parler. Je compris qu'il s'agissait de nous faire souper et de nous préparer une chambre. Je dis alors au supérieur que quoique je n'eusse fait, dans toute cette journée, qu'un très maigre repas, j'avais depuis longtemps l'habitude de ne pas souper et que je le priais de ne donner aucun ordre à cet égard,

En 1611, les religieuses obtinrent de changer de résidence, en raison de l'insalubrité du monastère, et le 11 juillet de cette même année, l'abbesse Françoise de Nérestang, céda cette abbaye de Mégemont à Claude de Nérestang, son frère, prieur de la Bénisson-Dieu en Forez, où elle se transporta avec ses religieuses.

Un érudit, notre ami, M. Antoine Vernière, doit donner prochainement l'histoire de ce vieux monastère.

(1) Ce prieur, Dom Claude-François Briot, administra l'abbaye de 1783 à sa fermeture (17 mai 1790).

mais seulement de faire donner quelque chose à mon compagnon de route. Le prieur me répondit que tout était commandé. Je compris aussi par là qu'il n'y avait pas de souper en commun dans ce couvent, et que chacun des moines allait de son côté demander au cuisinier ce qui lui plaisait. J'appris de même que la communauté était réduite à cinq moines, vivant isolément. « Autrefois, me dit le prieur, Mégemont étant réputé un lieu de rendez-vous agréable, nous n'y manquions pas d'excellentes relations qui nous faisaient passer notre temps fort gaiement. Aujourd'hui c'est bien différent Privés que nous sommes des ressources nécessaires pour faire bonne chère, les gourmets de la vallée d'Issoire nous abandonnent. »

Nous descendîmes dans une belle salle à manger, où je vis une petite table ronde, sur laquelle s'étalait un fort beau brochet. A cette vue, j'oubliai ma promesse, et mon vigoureux appétit l'emporta. Je m'assis donc, ainsi que mon neveu, et le religieux qui se borna à découper. Après ce repas, arriva un homme avec une lumière à la main, pour nous conduire à notre chambre. Je dis à notre chambre, car je m'aperçus bien vite qu'il n'y en avait qu'une seule pour nous deux, de même qu'un seul lit, ce que je trouvai fort mal et bien peu en rapport avec les prévenances et les marques d'estime que le prieur m'avait témoignées jusque-là. J'avoue que volontiers j'aurais dit des choses dures à celui qui nous conduisit à cette chambre et qui se mit en devoir de nous y enfermer. Je me bornai cependant à lui dire qu'on avait dû s'apercevoir que nous n'étions pas des vagabonds ou des gens dont il fallait se méfier. La vivacité avec laquelle je prononçai ces derniers mots fit craindre à mon neveu que j'allasse plus loin et le porta à me dire qu'une nuit déjà fort avancée serait bientôt passée ; qu'il allait tirer un des matelas de ce lit et qu'il coucherait dessus. J'acceptai ce parti et me jetai dans ce lit à moitié dégarni où, au lieu de dormir, j'occupai mon esprit à réfléchir sur la manière différente dont j'avais été reçu dans les autres monastères. Je me rappelai avec plaisir la cordiale réception qu'on m'avait faite au couvent de Sennones,

Au point du jour, je partis avec grand plaisir et, comme je me l'étais proposé, je me mis à examiner la nature du terrain et l'état général des montagnes entre lesquelles se trouve le monastère de Mégemont. Je vis, non sans étonnement, que tout ce terrain n'était pas en pleine culture et qu'au lieu de cela, il était encore rempli ou parsemé d'énormes pierres graniteuses, de la nature de celles qui forment les montagnes des environs d'Ardes.

Dès notre sortie du couvent, la pluie vint encore mettre obstacle à nos investigations, mais je ne voulus pas pourtant faire, sans aucun profit pour mes études, le trajet qui nous restait pour arriver à Ardes ; aussi arrivâmes-nous à cette petite ville (1), trempés jusqu'aux os. La vue des apprêts d'un excellent déjeûner de truites et d'écrevisses, toutes prêtes à être servies, dissipa bientôt notre ennui. Je me mis aussitôt à table, auprès d'un grand feu où je me séchai à mon aise, tout en mangeant.

Lorsque nous fûmes bien repus et bien reposés, nous descendîmes dans la vallée qui est au-dessous d'Ardes, et la suivîmes jusqu'à l'extrémité de la montagne de Rentières. Ce lieu est aujourd'hui célèbre par l'effroyable malheur dont il a été récemment le théâtre, et dont j'ai exposé la cause dans la relation d'un de mes précédents voyages (*Journal de physique*, tome XXXII, page 117). Je vais encore néanmoins raconter ce sinistre (2).

(1) Cette ville, ancien chef-lieu du duché de Mercœur, possédait autrefois une communauté considérable de prêtres qui formait un chapitre, et un prieuré dépendant de l'abbaye de Manglieu.

Elle passa des Mercœur aux Joigni, aux Dauphins, aux Bourbons, à la maison de Lorraine, à César, duc de Vendôme, fils naturel d'Henri IV et de Gabrielle d'Estrées, etc.

(2) Legrand d'Aussy nous fournit d'importants détails sur cette catastrophe; donnons-lui la parole.

« Près d'Ardes, dit-il, et au-dessus du village de Rentières, est un vallon arrosé par la Couze, et que le travail avait changé en prairies et en vergers. Tout à coup on fut étonné de voir, sur la gauche du ruisseau, la montagne montrer des crevasses qui bientôt se multiplièrent à un point alarmant. Chaque année, elles s'accrurent et s'élargirent. Enfin, au mois de mars 1783, après

C'est un très grand malheur, pour un pays, d'être dominé par des hauteurs formées de petits cristaux de pierres primitives graniteuses, car l'eau minant leurs intervalles et détruisant leur liaison, leur donne lieu de s'écrouler. Telle est la cause de la catastrophe dont nous parlons, arrivée le 9 mars 1783. C'était une avance de montagne de 30 à 40 toises, tant en hauteur qu'en largeur, reste d'une déchirure produite plusieurs années auparavant, qui s'éboula tout à coup, ensevelissant un moulin et les maisons voisines avec tous leurs habitants. Il n'est pas rare

une pluie de quatre jours qui détrempa le sol de la base, les terres et les roches supérieures, cédant à leur poids, perdirent leur aplomb; elles se détachèrent lentement, dans une hauteur et une largeur de 200 toises, et par leur chute, vinrent remplir le vallon.

» Plusieurs cultivateurs y étaient en ce moment occupés à travailler, et ils ne pouvaient manquer d'y périr, si un de leurs camarades qui, heureusement, se trouvait vis-à-vis *sur le coteau opposé*, ayant vu la montagne s'incliner et pencher, ne leur avait crié de s'enfuir. Ils en eurent le temps. Mais, celui qui leur sauva la vie n'eut pas assez de bonheur pour sauver la sienne. A la hauteur où le malheureux se trouvait au-dessus du vallon, il pouvait se croire à l'abri du danger, et néanmoins la masse de l'éboulement fut si considérable, la réaction de sa chute la fit rejaillir à une telle élévation, qu'il disparut à l'instant, englouti sous les décombres. Un moulin, placé de l'autre côté du ruisseau, *fut enfoui de même, quoiqu'éloigné de la direction de l'éboulement*; mais les débris, après être allés heurter contre la colline opposée, revinrent sur eux-mêmes en s'écartant et divergeant à droite et à gauche. Le bâtiment en fut entièrement couvert, et la femme du meunier, qui s'y trouvait alors, resta ensevelie dans ce tombeau.

» Telle fut l'immensité des matériaux de l'éboulement, qu'ils comblèrent le vallon dans toute sa largeur, à plus de 120 pieds d'élévation. La Couze, arrêtée dans son cours par cette haute et large digue, resta suspendue, et les villages des cantons inférieurs furent étonnés de voir leur rivière tarie subitement. Elle cessa de couler pendant 24 heures, s'amoncelant dans son nouveau bassin et noyant le vallon. Le lac qui se forma ainsi s'accrut d'autant plus promptement qu'une pluie violente étant survenue, elle fondit une quantité incroyable de neige et amena tout à coup un déluge d'eau.

» Malgré la pluie, les habitants de Rentières vinrent travailler à dégager le moulin et à sauver la meunière que son malheur condamnait à périr de désespoir dans ce cercueil. Déjà, ils en avaient découvert le toit, mais dans cet espace de 24 heures, les eaux par leur crue, s'étant élevées à 100 pieds de haut, la digue, composée de matériaux encore mouillés et mal assortis, ne put résister à une pareille poussée. Toute la partie supérieure fut emportée dans *une épaisseur de 20 pieds. Elle alla couvrir le bâtiment sans espoir, enfouit* également plus bas un autre moulin, encombra tous les terrains inférieurs et causa partout des ravages affreux. »

d'entendre parler de pareils éboulements, il en est arrivé de bien plus considérables, surtout en Suisse ; mais ordinairement l'on arrive à sauver quelque chose de ces désastres, les grandes masses qui se rencontrent en tombant, laissant entr'elles quelques intervalles. Ici, au contraire, où les parties du rocher sont petites, on n'eut point cet espoir, parce que ces rochers remplissent exactement tous les interstices ; aussi, jugea-t-on inutile de fouiller ces décombres pour en dégager les malheureux qui y étaient ensevelis. On conjecture qu'il y avait 7 personnes et autant de chevaux ou d'ânes, et comme, à cette époque, le moulin était en pleine activité, il devait s'y trouver aussi plusieurs femmes attendant leur mouture. Cet éboulement se produisit vers le milieu de la nuit ; on en fut averti à Ardes et au village de Rentières par un bruit effroyable ressemblant à plusieurs décharges simultanées de canon. Un grand noyer, qui se trouvait devant la porte du moulin, résista à cette chute terrible. Ses plus hautes branches sont encore intactes et j'eus le triste avantage de m'y asseoir, en déplorant le sort funeste des malheureux ensevelis à ses pieds. L'on doit à ce noyer de connaître la place exacte où cet ensevelissement s'est opéré. La hauteur du tronc de cet arbre donne la mesure de la masse éboulée : les uns disent qu'il a 7 pieds, les autres 10 et d'autres plusieurs pieds encore, en observant que les grosses branches sont elles-mêmes ensevelies.

Cet éboulement d'une portion de la montagne fut si violent et se porta avec tant de rapidité en avant, qu'il laissa entre lui et la montagne un intervalle de plusieurs toises, qu'une source, arrivant par une échancrure, a peu à peu rempli d'eau. Je trouvai dans ce second voyage qu'il formait un petit lac assez profond dont le trop plein se déverse dans la vallée de Rentières et devient une petite rivière qui se jette dans celle qui passe sous le pont de Saint-Germain-Lembron.

Je ne pus méconnaître les rapports qui assimilent cet éboulement à ceux arrivés autrefois à Fleurs, en Suisse, et à Pairis dans les Vosges. Dans ces deux lieux, ce fut également une dislocation des cristaux ou rochers granitiques qui occasionnèrent les épouvantables malheurs qui ont retenti dans toute l'Europe. Je m'arrêterai de préférence à celui de Pairis que j'ai vu, peu de temps auparavant, en voyageant dans ce pays. Quoiqu'il soit incomparablement plus considérable que celui-ci, je peux dire qu'il ne diffère ni pour la cause ni pour le résultat.

Nous venons de voir que l'éboulement de Rentières a formé un petit lac, en laissant un espace entre la montagne et les rochers projetés en avant, et que cet espace s'est rempli d'eau : ce fait s'est exactement produit à Pairis, mais son goulfre est très profond, tandis que celui-ci l'est fort peu. Cette différence provient de ce que le renversement de la montagne de Pairis, plus longue et plus haute, fournit une masse en avant extrêmement plus considérable et plus capable par conséquent de retenir une plus grande masse d'eau.

Après avoir fait ces observations, je me déterminai à aller revoir la colonnade basaltique rangée tout au long de ce grand rideau : j'admirai, beaucoup mieux que la première fois, ses belles proportions et ses articulations. On a déjà, plusieurs fois, expliqué cette singularité, en la comparant à un genou qui s'emboîte dans une concavité ou une rotule qui remplit son alvéole. Ce qui est bien remarquable, c'est que l'on observe ici que la partie inférieure de la colonne présente toujours la partie concave à ce genou.

Au surplus, cette belle colonnade représente assez bien de loin un jeu d'orgues, excepté pourtant que les colonnes ne sont pas parfaitement droites, mais un peu inclinées soit à droite, soit à gauche. Mais le phénomène paraît plus inconcevable encore, quand on voit cette cristallisation appliquée et comme collée sur une côte à pic ou à peu près à pic. Il faut alors nécessairement supposer que quand la lave s'est répandue sur ce rocher, il n'était pas droit, ou ne présentait pas une surface pareille à celle que l'on voit aujourd'hui ; car comment cette matière alors liquide y aurait-elle adhéré ? Ce qui me parut étonnant fut de voir qu'aucun des observateurs qui se sont occupés de cette question, n'ait rien dit de précis là-dessus.

Le temps qui se remit à la pluie me força d'abréger ma visite. Nous montâmes alors sur le plateau de Rentières et parvînmes au village de ce nom, où nous fûmes accueillis par le bon curé, d'une manière si touchante, que je regrettai beaucoup de ne pouvoir lui consacrer le reste de ma journée. Mais j'avais fait le projet d'aller coucher à Saint-Germain, où je serais à portée d'aller le lendemain visiter ce lieu qui se nomme Bard, où j'avais fait mon premier essai chimique, en analysant une eau minérale qui y sourd fort abondamment (1).

En réfléchissant sur cette eau et l'analyse que j'en avais fait imprimer dans le *Journal de Médecine*, je crus m'apercevoir que j'avais commis une grande erreur, en en parlant. C'était principalement pour la corriger que je voulais examiner de nouveau cette eau. Mais, nous ne fûmes pas plutôt arrivés à Saint-Germain que je me dégoûtai de cette entreprise, car je fus saisi par un chirurgien nommé Pardinel, avec qui je m'étais familiarisé autrefois, et dont je ne trouvai le moyen de me débarrasser qu'en fuyant ce lieu. C'est ce que je fis le lendemain matin, en passant l'Allier, au-dessous de Nonette.

Ce lieu, un des plus remarquables de l'Auvergne, non seulement par sa situation et la grandeur du village qui couvre un des plus beaux plateaux de ce pays, mais encore parce qu'il est le seul formé de beaux bancs de pierre calcaire que l'on désigne sous le nom de marbre, à cause de la finesse de son grain, ce qui fait qu'elle prend, en effet, un poli qui approche au moins beaucoup de celui du vrai marbre, ce lieu, dis-je, m'intéressait assez encore pour que je voulusse lui rendre une dernière visite. D'ailleurs, étant parti de Saint-Germain, de grand matin, il nous fallut trouver un lieu où nous puissions déjeuner;

(1) Il y a à Bar plusieurs sources minérales, dont trois seulement sont abondantes. Les eaux en sont limpides et d'une saveur légèrement acide et salée. Leur analyse y a fait découvrir des carbonates de magnésie et de soude, du sulfate de chaux et une certaine proportion d'acide carbonique. On les dit efficaces pour la cure des engorgements chroniques des viscères abdominaux, et Monnet (*Traité des eaux minérales*, Paris, Didot, 1768), affirme qu'elles ont parfois opéré la guérison de certaines fièvres intermittentes qui avaient résisté au quinquina.

avant d'arriver à Issoire qui est à une poste et demie de Saint-Germain. Je voulais de plus y voir un groupe de belles masses volcaniques, en basalte, selon l'expression de Desmarets, qui couvre la pointe de cette montagne et sur lequel a été bâti un château-fort dont on voit encore de beaux restes d'un aspect imposant. Cette pointe est entièrement située sur le bord de la rivière; aussi rien n'en cache la vue et de fort loin elle sert aux voyageurs à se diriger. Ce qui m'aurait encore fort occupé, ç'eût été de chercher à découvrir d'où et comment cette masse de lave est arrivée là. Guettard dans ses premières observations sur les productions volcaniques en Auvergne, se borna à déterminer la nature et le tissu des pierres volcaniques, et Desmarets fit connaître ensuite leurs formes et figures dans plusieurs mémoires fort érudits et bien écrits qu'il lut à l'Académie des sciences et qui furent imprimés dans les annales de cette compagnie. Faujas de Saint-Fond, au contraire, dans son ouvrage, parla aux yeux comme à l'esprit, et vulgarisa si bien cette branche des connaissances humaines que l'enthousiasme s'empara non seulement des savants, mais encore du beau monde de la France. On ne pouvait se lasser d'admirer ces pierres cylindriques qui, rassemblées dans leur foyer, représentent si bien un jeu d'orgues et s'emboitent si exactement les unes dans les autres. Les belles dames, chez qui ces singularités produisent encore plus d'effet, s'écriaient dans leur enthousiasme : Ah ! la belle chose que les feux des volcans (1) !

Mes observations terminées, nous redescendîmes, repassâmes l'Allier et, après une lieue de marche, arrivâmes à Issoire,

(1) L'auteur de cet essai a été témoin de cet enthousiasme, chez le ministre Berlin. Là et ailleurs, le bruit courut que ce grand ouvrage était résulté de la brouille sérieuse survenue entre son auteur et Guettard. Ces deux savants voyageaient ensemble dans le Vivarais et le Velay : Guettard toujours dominé par une humeur brusque, dévôt janséniste, ne pouvait souffrir qu'on fût d'une opinion différente de la sienne et surtout qu'on s'écartât des pratiques religieuses; c'était pour eux un perpétuel sujet de dispute. Ils se séparèrent enfin, et Faujas volant de ses propres ailes, fit de bien meilleures observations et s'attacha surtout à décrire les belles productions volcaniques.

(*Note de l'auteur.*)

une des principales villes de l'Auvergne, surtout remarquable par une fort grande et fort belle place, où, dans mon enfance, j'avais vu manœuvrer plusieurs régiments. De là, nous suivîmes la grand route et vînmes passer une troisième fois l'Allier, sous un des villages les plus pittoresques et les plus sauvages que l'on puisse voir et qui se nomme Saint-Yvoine. On y voit des maisons éparses entre d'énormes roches de granit, dont les gros grains confirmaient ma théorie, à savoir que plus elles s'élèvent haut et s'éloignent du sein de la terre, plus leurs grains sont gros et leur cristallisation parfaite. Ces roches, dont quelques-unes atteignent de 15 à 20 pieds de haut, sont, pour la plupart, détachées du sol et séparées les unes des autres, sans doute par l'effet de l'eau, qui a emporté la terre qui se trouvait entr'elles. C'est, au surplus, le seul lieu de l'Auvergne où l'on puisse observer cette singularité et où le granit soit aussi dur. Chose fort remarquable, cette qualité de granit ne se rencontre guère que dans des masses isolées ou séparées les unes des autres par quelques intervalles. C'est que la matière dont elles sont formées a pu alors se cristalliser à son aise et prendre la forme qui lui est propre. La vérité est encore que toutes les masses de granit qu'on a rencontrées isolées dans les terres, se sont trouvées de la plus grande dureté ; par exemple, le bloc qu'on a fait servir à la statue de Pierre-le-Grand et qui fut découverte dans un marais à 50 ou 60 lieues de Pétersbourg.

De l'autre côté de la rivière, nous trouvâmes un chemin très praticable pour nous conduire à Vic-le-Comte, où nous arrivâmes à la chute du jour. J'y trouvai ma fille fort impatiente de me revoir. Malgré les efforts de mon frère pour la distraire, tout ne l'avait pas amusée pendant ce séjour ; mais mon arrivée éclaicit bien vite cet horizon rembruni. Des dîners aux vignes, des promenades lui firent grand plaisir ; mais comme la saison s'avançait, il nous fallut songer à notre départ pour Le Plessis-Chenêt et Paris. Mon frère aurait bien voulu nous retenir, mais je me fis une loi de ne rien changer à mes projets et nous partîmes quinze jours plus tard. Ce ne fut toutefois qu'après avoir joui de deux parties projetées depuis longtemps.

La première de ces promenades avait pour but une montagne dite de Saint-Romain, distante d'une grande demi-lieue de Vic-le-Comte, et l'autre la riche montagne de Corent, si célèbre par ses vignobles, les meilleurs de la province, et plus célèbre encore par la découverte que, quelques années avant, mon frère avait faite sur son plateau, d'un petit cratère. Un mémoire sur cette découverte a été imprimé dans le *Journal de Physique*. Cette vaste montagne, de deux lieues et demie de circonférence, à peu près à pic sur le canal de l'Allier, porte bien visiblement sur un fond graniteux que l'on peut voir fort aisément sur le bord de cette rivière. Pour parvenir à cette base, on passe par Veyre et on suit ce fond admirable par sa fertilité, où se trouve le village des Martres.

En arrivant sur le bord de l'Allier, on voit d'abord un banc horizontal de granit secondaire qui porte sur le rocher de granit primitif et vif formant tout le fond de cette rivière. Ce banc, que l'on voit se prolonger fort avant sous les vignes et la montagne de Corent, a de dix à quinze pieds de hauteur. Il en sort deux sources principales d'eau minérale auxquelles nous allons nous arrêter un instant.

La première est assez près de la base de la montagne de Corent et porte le nom des Martres-de-Veyre ou du *Tambour* (1), parce qu'on entendait autrefois bouillonner ses eaux dans le rocher, ce qui n'a plus lieu aujourd'hui qu'une partie de ces eaux ne sort plus par le même trou et se fraye d'autres issues çà et là dans les fentes naturelles du rocher. J'en ai compté sept. Elles se font connaître par leur dépôt ocreux et calcaire qui démontre combien elles sont minérales. Douze livres de ces eaux m'ont fourni deux gros demi de terre absorbante, demi gros de sel marin et un gros de sel alcali minéral assez blanc. J'estime la quantité de fer qu'elles contiennent à un quart de grain par pinte.

L'autre source, beaucoup plus considérable, vient de bas en haut dans une vigne située à environ cent toises plus bas. Le

(1) Voir *Truchot*, *loc. cit.*, page 198.

dépôt qu'elle y a fait est déjà si considérable qu'il forme un petit monticule d'environ une toise et demie de diamètre, au travers duquel on voit l'eau sourciller par plusieurs ouvertures qu'elle s'est conservées. Cette eau a quelques degrés de chaleur au-dessus du tempéré et, en marchant sur ce petit monticule, on sent de la chaleur sous ses pieds et le gaz spiritueux est si abondant que le nez en est affecté. Cette eau me donna, sur la même quantité que ci-dessus, trois gros de terre absorbante, un gros de sel marin fort beau, et demi-gros d'alcali minéral. Il n'est guère possible de trouver d'eau minérale plus chargée que celle-ci.

Dans chacune de ces parties, la bonne chère ne manqua pas : on fit transporter tout ce qui fallait pour cela. Le temps qui jusque-là avait menacé de s'opposer à l'exécution de ces projets fut des plus beaux ; mais, hélas ! combien ces heureux instants sont courts ! Il nous fallut partir, au grand déplaisir de mon frère qui regrettait beaucoup la perte de son neveu, car il n'espérait plus le revoir, et il ne s'est pas trompé.

Quand on conduit avec soi des enfants d'une imagination aussi brillante que celle des miens, il faut s'attendre à d'agréables distractions. En effet, je fus occupé fort agréablement, tout le long de cette longue route, à leur fournir des explications sur tout ce que nous voyions. Jamais je n'avais donné mon argent aux maîtres de poste avec moins de peine. Il me semblait même que les postillons, tout brutaux et tout avides qu'ils sont, prenaient intérêt à mes enfants.

A Moulins, Mme Bourgeois, une des plus élégantes aubergistes que j'eusse jamais vues, me fit l'accueil le plus empressé. Ma fille excita en elle tous les sentiments de la prévenance et de l'honnêteté. Quoique son hôtellerie fût fort garnie de voyageurs, elle lui réserva la meilleure chambre, le meilleur lit, et à table, l'ayant fait mettre à côté d'elle, la servit toujours la première.

Mais ce fut surtout à Pougues que ma fille excita surtout un vif intérêt. Ce village, à une poste de Nevers, est sans contredit des plus agréables pour sa position, dans un vallon fertile et ombragé. Les eaux minérales qu'il possède sont devenues fameuses pendant quelque temps et ont attiré de nombreux malades qui ont fait la fortune du pays. Il faut ajouter que ce village appartient à un grand seigneur, le duc de Nivernais, un des plus lettrés de la Cour. C'est surtout grâce à ses conseils et à ses exhortations, que de belles dames y vinrent, sous prétexte d'y recouvrir la santé. Pendant un certain temps, il fut de bon ton de venir s'y associer à la bonne compagnie ; aussi le duc put-il espérer d'en faire un autre Spa. Un apothicaire de Paris crut se distinguer et acquérir une grande gloire, en célébrant la vertu de ces eaux, dans une prétendue analyse qu'il fit en passant en revue toutes les drogues de sa boutique. Cependant, ces eaux tant vantées sont simplement ferrugineuses, c'est-à-dire chargées d'un peu de gaz qui en relève le goût.

Mon fils s'intéressait à tout ce que je lui disais, car le lieu qu'il quittait est pour ainsi dire entouré d'eaux bien plus minérales que celle-ci. Mon frère l'y menait souvent et lui donnait ses leçons. Dès que nous fûmes arrivés à la poste, je fis le projet de m'arrêter à Pougues pour la nuit, quoiqu'il ne fût pas tard et que nous eussions bien pu aller à la Charité. Mais la difficulté était de trouver une auberge qui voulût bien nous recevoir, car elles étaient toutes pleines, à cause de la foire de Nevers qui devait se tenir le lendemain. Le postillon nous tira d'embarras, en nous disant que quoique ses maîtres ne fussent pas dans l'usage de loger, en voyant mes enfants si gentils, ils se feraient un plaisir de nous procurer l'hospitalité. En effet, le postillon étant allé les prévenir, nous vîmes aussitôt venir à nous deux jeunes demoiselles qui donnèrent la main à mon fils et à ma fille pour les conduire dans la maison. Nous trouvâmes là, une jolie petite salle et deux chambres fort bien meublées et qui ne sentaient pas du tout l'auberge.

Ces demoiselles nous demandèrent aussitôt ce qu'il fallait apprêter pour notre souper. Je leur répondis de nous donner ce qu'elles avaient de meilleur. Pendant qu'un des fils de la maison nous conduisait à la fontaine, ma fille fit connaissance avec ces demoiselles avec lesquelles elle se mit bientôt à chanter.

Pour nous, ayant porté à la source minérale un grand gobelet et de la poudre de noix de galle qui me suivait partout, nous fîmes l'expérience très simple de la coloration de cette eau. Une petite pincée de noix de galle ne l'ayant que colorée légèrement en rose, je fis comprendre à mon fils qu'elle ne contenait qu'une très petite quantité de fer.

Le lendemain, nous partîmes de grand matin, et, en arrivant à la Charité, les restes d'un vieux pont qui reliait autrefois cette ville à la rive opposée attirèrent l'attention de mon fils. Je lui fis remarquer qu'en cet endroit là, la Loire coulant sur un terrain sableux qui ne lui permet pas de s'encaisser, creuse constamment son lit, ce qui la force à déborder et à envahir une grande étendue de terrain. « C'est un grand malheur, ajoutai-je, nombre de familles vivraient sur ce terrain s'il était en culture ; les rivières si utiles pour faciliter les communications et le commerce causent aussi des maux irréparables. Je dis irréparables par rapport à la Loire, car on a essayé plusieurs fois vainement de l'encaisser, les digues qu'on lui a opposées ont été bientôt emportées. Un seul homme a indiqué les moyens de la contraindre à suivre paisiblement son cours, c'est le célèbre Vauban, dont le projet consistait à faire faire des deux côtés une levée bâtie en pierre ; mais les dépenses énormes, où ces travaux auraient entraîné, effrayèrent le gouvernement et, la mort venant à enlever ce grand ingénieur, son projet fut oublié. »

A Cosne, je fis remarquer à mes enfants ce que peut l'industrie. « La fabrication des couteaux et des ciseaux a fait, leur dis-je, une opulente cité d'un lieu naguère un misérable bourg. Il est vrai qu'il y prospère aussi une industrie de la plus haute importance : la fabrication des ancres de navires, facilitée par la proximité des forges qui sont aux environs et le voisinage de la Loire, où l'on embarque ces ancres pour les conduire à Nantes. » Je menai mon fils visiter ces usines, et il prit beaucoup d'intérêt à voir la force et l'adresse des ouvriers qui remuent et battent sur l'enclume d'énormes masses de fer.

Mon fils, parti de Paris fort jeune, ou pour mieux dire dans la plus tendre enfance, pour aller habiter chez son oncle, ne connaissait *rien*, aussi *tout était-il nouveau* pour lui. Il avait bien entendu dire que depuis son départ j'avais acheté une maison de campagne, mais il ne savait pas ce qu'elle était, et je m'étais bien gardé de lui en faire la description, préférant lui ménager le plaisir de la surprise. Quand nous y fûmes arrivés, peu s'en fallut que son admiration n'égalât celle du comte de Werther, lorsqu'il s'approcha du château de sa chère Dorothée. La porte cochère étant ouverte, il sauta prestement de la chaise et alla se rouler sur le beau gazon qu'il vit dans la cour. De là, il monta rapidement dans les chambres, puis au grenier, et en un instant il eut mesuré et toisé toute ma petite maison. Tout cela nous fit rire et je le laissai ensuite continuer ses observations sur le jardin, pour me rendre à mes affaires.

PIÈCES JUSTIFICATIVES

(N° 1)

L'Entelechie || des eaus chaudes || du bourg de Bains près du Mōt d'or, appelez par le || vulgaire les bains de Murat : et des eaus froides de Vic || en Charladois, où est traitté de leurs mémorables vertus || de leurs minéraux. du dénōbrement des || maladies qui sont guéries ou soulagées par l'usage d'icelles : et du méthode || qu'il faut tenir pour s'en servir.

Précieux présāt que I. Mate, docteur || en médecine, fait aux valétudinaires et amateurs de santé.

A Tulle, par F. Aluitre, 1616.

« Chap. I..... Jugeant qu'il était beaucoup plus préférable de faire quelques essais que de croupir dans la mollesse et l'oysiveté, je me suis représenté les promenades que les années passées menquant d'occupation, je faisois parmi y les avoisinemens du bourg de Bains, et considérant la nature du lieu, m'est venu en mémoire le commun proverbe du vulgaire qui dict, que lieu esgard à la commodité qu'on peut retirer de chasque province, un pays vaut l'autre, d'autant que si on remarque soigneusement la situation du bourg des Bains, si on y trouve menque et disette de plusieurs choses necessaires à la vie de l'homme, on y trouvera aussi de belles raretez qui supplèent à ce défaut : car bien que l'aër y soit immodérément froid et le lieu inaccessible la plus grande partie de l'année, bien que le terroir ne soit fertil à produire quantité de grains suffisans à nourir les habitans du pays qui y résident, deplus encore que la situation semble estre fort incommode, et les advenues extremement difficiles pour l'abordement des estrangers et pour le recouvrement des vivres : néantmoins ces deffauts sont reparez par des raretez particulières qui ne se rencontrent ailleurs.

En premier lieu pour résister à l'extrème rigueur du froid, le bois y est à grande commodité pour le lieu, environné de beaus et grands sapins de hauteur excessive et la plus grande partie des valées et pentes des montagnes ornez et fourniez de beaus boucages.

En second lieu, si la fertilité des grains ne se rencontre en telle affluence qu'en la plaine, nature n'a supplée à ce défaut par le grand revenu et profit que les habitans retirent du nourrissage du gros bestail qui se nourrit par l'abondance des bons pascages de ces montagnes s'en y comprandre l'affluence des bons frommages, lesquels ne sont despartis au restant de nostre France.

Le vallon où est situé le bourg de Bains est d'une demy-lieu de longueur, au milieu duquel passe un petit ruisseau appelé Dour, qui prend sa source des fontaines qui surgissent en grande abondance au pied du Mont-d'Or, et se termine en vallon entre l'orient et le midi, auquel on remarque plusieurs belles prairies que le Dour arrose : à ce ruisseau de Dour se vient joindre prèsque vers le bout du vallon de Bains, du costé du midi, un autre ruisseau serpentant du costé du septentrion, appelé la Dougne, dont tire son nom, son origine, et est composé ce beau, riche, et tant renommé fleuve du Dordougne. Sur le costé d'orient est la montagne de l'Angle, tant estimée à cause de sa fertilité pour le paccage, n'ayant son paragon en tout le reste des autres voysines, et nourrissant en icelle ordinairement plus de quatre cens bestes à corne, au pied de laquelle est la source des eaux chaudes et le bourg de Bains. A la suite de la montagne de l'Angle est le Mont d'or plus élevé de beaucoup, mais non pas si fertile en paccages, neantmoins ne cède à autre du monde en beaus et rares simples : entre ces deux montagnes, y en a un autre appelée la Durbouze, et à continuité du Mont d'or, sur le midi, est le mont de Clergues, renommé à cause de l'abondance des beaux sapins qui y croissent, et d'un grand rocher qui est au milieu d'admirable hauteur : à la suite et sur le ponant est le Rigoulet, au septentrion esleve ses sourcils le Puis gros, par delà lequel immédiatement ce fait voir la montagne de Gary, tant fameuse à cause d'un lac, lequel contient qu'on faict estat avoir plus d'une grande lieue de tour et demy-lieue de large, fort abondant en bon poisson.

C'est ainsi que sont disposées ses admirables, grandes et riches montagnes, qui avoisinent de tous costés ce vallon, auquel se descouvrent plusieurs sources d'eaux chaudes qui sont esté adjancées pour se baigner, comme je crois, bien qu'à present défrichées depuis le temps que les Romains, sous l'empire des Césars, subjuguèrent les Gaulois, ainsi que les médailles qu'on a rencontré en plusieurs endroits et les pierres toutes entières çà et là éparses du vieux Panthéon le tesmoignent assez, et mesme de toute mémoire on a appellé le Bain-Bas la croix du Panthéon, où il y a une grosse pierre à laquelle sont effigiées plusieurs représentations des idoles des payens à l'antique, de mesme façon que autrefois je l'ay remarqué dans la ville de Rome, à l'arc triomphal de Marius, qui est encore représenté à la place appelée Campobouino. et aussi en plusieurs endroits du Campodolio, appelé des anciens le Capitole.

En ce bourg il y a bon nombre de maisons, mais les unes de plus grande commodité que les autres, car celles qui sont pour les baigneurs avoisinent les bains et mesme que au-dessous de l'une qui est faicte en portique, il y a une source chaude qui part de celle du bain où l'on se baigne et en icelle on pratique aux femmes la saignée de la veine, et au commun peuple on applique les cornets et ventouses.

Le bain auquel on se baigne, appelé vulgairement par les habitans du lieu le grand bain, est logé dans une niche faicte en forme de chapelle voûtée bastie et cymentée industrieusement, laquelle pourrait contenir de dix à douze personnes, estant aussi chaude en toutes saisons comme une estuve, à cause des évaporations qui s'élèvent de l'esbouïllement du bain : et au milieu de ceste torelle est le bain en forme de puys, profond de quatre pieds, auquel peuvent demeurer deux personnes assises, et est toujours remply d'eau chaude facile à supporter, rejallissant à gros bouillons incessemment regorgeant l'immondice et superfluité en iceluy contenue, ce qu'est une grande commodité aux baigneurs pour leur oster tout regret de y entrer les uns après les autres, si mal qualifiés qu'ils soyent. Il y a trois grosses sources, mais l'une plus grande que l'autre, qui viennent du costé d'orient de la montagne de Langle, comme j'ay remarqué y passant bien avant le bras.

Dix ou douze pas plus haut, tyrant vers le midy, surgit une fontaine appelée d'ancienneté la Toloigne, à présant la fontaine de Sainte-Marguerite, aigrette au goust et fort froide, de laquelle usent dans le vin, pour luy donner pointe, les baigneurs dégoutez, on l'appelle de Sainte-Marguerite d'autant que ce jour on y faict une procession, et les prestres accompagnés de tous les habitans du lieu, et de plusieurs estrangers par dévotion là assemblez, bénissent la susdite fontaine : le semblable font-ils la veille de la feste de saint Jean-Baptiste au grand bain et le jour de la célébration de la feste de saint Pierre au petit bain, qui est au-dessous du bourg, près la croix du Panthéon. »

Carrère n'a pas connu ce volume rare et curieux. Dans son *Catalogue des eaux minérales*, il ne mentionne qu'un ouvrage qui doit être différent de celui-ci, car il n'y est pas question du Mont-Dore : *l'Entéléchie des eaux de Vic en Charladois*, par Jean Mante, Aurillac, Borie, in-8°.

L'exemplaire de *l'Entéléchie des eaux chaudes du bourg des Bains*, que nous avons sous les yeux, a appartenu au célèbre médecin Guillotin, dont il porte la signature. C'est un volume de 216 pages. A la page 128, commence le second traité, sous ce titre : *L'Entelechie des eaux de Vic*, traité second. A Tulle, etc...

En tête de l'une et de l'autre partie, on lit des vers à la louange de l'auteur. Ils sont signés P. A. Héroc, P. Bordesie, conseiller du Roy, et esleu oncle de l'auteur, de Latour, docteur en droit, Fr. Lachièze, id., François Baluze, docteur médecin, B. de Laval, doct. méd., François de La Persone doct. méd. de Brives.

(N° 2)

Bibliographie des Ouvrages de Monnet

IMPRIMÉS

Traité des eaux minérales avec plusieurs mémoires de chimie relatifs à cet objet; Paris, Didot 1768, 1 volume in-12.

Traité de la vitriolisation et de l'alunation, ou l'art de fabriquer les vitriols et l'alun, Paris, 1769, in-12.

Dissertation pratique sur le traitement des mines de cuivre, traduit de l'allemand, 1772.

Exposition des mines, ou description de la nature et de la qualité des mines, d'après la minéralogie de Croustedt. Paris, 1772, 1 volume in-12.

Catalogue raisonné minéralogique, ou introduction à la minéralogie, Paris, 1772, 1 volume in-12.

Nouvelle hydrologie, ou exposition de la nature et de la qualité des eaux, Paris, 1772, 1 volume in-8°.

Traité de l'exploitation des mines, traduit de l'allemand et enrichi de notes, Paris, 1773, 1 volume in-4° avec 24 planches.

Dissertation sur l'arsenic, Berlin, 1774, 1 volume in-4°.

Traité de la dissolution des métaux, Amsterdam, 1775, 1 volume in-12.

Nouveau système de minéralogie, Paris, 1779, 1 volume in-4°.

Voyage minéralogique en Hongrie et en Transylvanie, par de Born, traduit de l'allemand, 1780.

Atlas minéralogique de la France, 1780, 42 cartes in-folio.

Dissertation et expériences relatives aux principes de la chimie pneumatique, pour servir de supplément au traité de la dissolution des métaux, Turin, 1789, 1 volume in-4°.

Mémoire historique et politique sur les mines de France, présenté à l'Assemblée nationale, Paris, 1790, 1 brochure in-8°.

Démonstration de la fausseté des principes des nouveaux chimistes, pour servir de supplément au traité de la dissolution des métaux. Paris, Jansen, 1798, 1 volume in-8°.

Monnet a, en outre, publié un grand nombre de mémoires et d'analyses, dans le *Recueil des savants étrangers de l'Académie des sciences de Paris*, les *Mémoires de l'Académie de Turin*, le *Journal des Mines* et le *Journal de physique*. Voici l'indication des principaux mémoires insérés dans ces divers recueils :

1° Dans le Recueil des savants étrangers : *Mémoire sur les eaux minérales de Passy*, 1766 ; *mémoire sur une mine découverte à Ste-Marie-aux-Mines*, tome IX, 1780.

2° Dans les Mémoires de l'Académie de Turin : *Mémoire sur la décomposition du nitre et du sel marin ; lettre à M. de Saluces au sujet du minium ; sur la rectification et la purification de l'alcali volatil ; sur la combinaison du mercure avec le tartre* (tome IV); *sur la nature du spath fusille, sur la formation des minéraux ; sur les mines de plomb antimoinées et sur leur fonte en grand, sur une nouvelle substance minérale*, trouvée dans les mines de Braunsdorff en Saxe, en 1770 (tome VIII).

3° Dans le Journal des mines : Mémoire sur la *minéralogie du Bourbonnais* (tome I, 1794) ; sur *quelques parties de la minéralogie de l'Amérique* (tome IX, 1779) ; *sur les petits volcans et en particulier sur celui de la montagne de Coran, en Auvergne* (tome XI, 1801).

4° Dans le Journal de physique: deux mémoires sur le *spath* (1777 et 1787); dissertation sur l'*arsenic*, couronnée par l'Académie de Berlin, (1773, tome I, page 191); lettre ou réponse au mémoire de M. Beaumer sur la *pierre cornée* (1773, tome II); mémoires sur la *combinaison du mercure avec l'acide marin par la voie humide* (1774, tome III); sur la *nature de l'acide du tartre* (1774, tome III) ; sur *la terre qui fait la base du sel d'Epsom* et sur *son existence dans plusieurs minéraux* (1774, tome III); *lettre à M. Speilmann, professeur de chimie à Strasbourg, sur l'acide marin considéré comme minéralisateur* (1775, tome III); *dissertation sur la nature des terres*, couronnée par la Société scientifique de Montpellier (1774, tome IV); sur une *sorte de bitume* qui résulte de la combinaison de l'acide vitriolique avec le camphre et l'esprit de vin (1775, tome V); sur *la nature du spath pesant* (1775, tome VI); analyse du *schœrl de Corse* (1777, tome IX); recherches sur *le spath fusille* (1777, tome IX); mémoire sur la carrière de schiste de Laferrière-Séchet en Normandie (id., id.); lettre en réponse à la note de M. Boulanger sur le *spath fusible* (1778, tome XII); mémoire sur *la terre pyriteuse* qui se trouve en Picardie, et les moyens d'en tirer du vitriol (id., id.); observations sur une mine très arsenicale à Quadanal-Canal, en Espagne (1778, tome XIII); examen du *schœrl pierreux* provenant d'un bloc d'un rocher graniteux de la Margeride, en Auvergne (id., id.); nouvelles recherches sur le *spath pesant* (id., id.); mémoire sur la *minéralogie de l'Auvergne* (1782, tome XX); observations sur une *sorte d'agathe ou silex*, qui se trouve dans les bancs de gypse des environs de Paris (1785, tome XXVII); lettre au sujet de la *saturnité* (1786, tome XXVIII); dissertation sur les *montagnes et terrains à mines*, couronnée par l'Académie de Manheim (1785); nouvelles recherches sur la nature du *spath vitreux* (1787, tome XXX); *voyage minéralogique fait en Auvergne* pendant les années 1772, 1784 (1785, 1788, tome XXXII).

5° Dans le *Journal de médecine:* mémoire sur le *lilium* de Paracelse (tome XX); précis de *l'examen chimique des eaux minérales de Bar et de Beaulieu, près St-Germain-Lembron en Auvergne*, lu à la Société des sciences et belles-lettres de Clermont-Ferrand (1764, tome XX); éclaircissement sur un passage du mémoire sur les eaux de Bar et de Beaulieu au sujet du *pont naturel de St-Allyre de Clermont* (tome XXI); mémoire sur les *eaux minérales de La Plaine*, près Nantes (tome XXV), sur les *eaux de St-Amand* (tome XXVIII), sur une *mine de plomb vert* (tome XXX), sur la *minéralisation de l'or* (tome XXX).

MANUSCRITS

Recueil de chimie, notes tirées des œuvres de Ch. Rouelle, 1757, in-4°.

Cabinet de minéralogie, 1770, 1 volume in-4°.

Histoire d'un voyage minéralogique dans le Soissonnais, la Champagne, la Lorraine et les Vosges, en 1770-74, 1 vol. in-4°.

Voyage dans les Vosges, 1779, 1 volume in-4°.

Voyage minéralogique entre Saltzbourg, Framont, Bar-Strasbourg, 1782, 1 vol. in-4°.

Voyage minéralogique dans les environs de Paris, 1 vol. in-4°.

Voyage minéralogique fait depuis Brassac jusqu'à St-Etienne, 1784, in-4°.

Tableau historique et philosophique de l'origine et des progrès de la chimie et de la minéralogie en France, 1785, 2 vol. in-4°.

Voyages minéralogiques et géographiques dans la Basse et la Haute Auvergne (Puy-de-Dôme et Cantal), 1787-88, in-4°.

Eléments de minéralogie géologique et géographique, ou tableau minéralogique du globe terrestre 1789-1802, 1 vol. in-4°.

Notice sur la vie de Dolomien, 1 volume in-4°.

Etat des Mines, ou recueil des observations, rapports et mémoires faits sur les mines, sans date, in-f°.

Histoire de mes voyages ayant pour but de visiter les eaux minérales, sans date, 2 vol. in-4°.

Essai des principes de métallurgie, sans date, 1 vol. in-4°.

Correction et extension du deuxième chapitre de l'ouvrage de M. Millin, intitulé voyage dans les départements de la France, sans date.

Tableau des progrès de la chimie, sans date, 1 vol. in-4°.

Cours de chimie de Vaugirard, 1 vol. in-4°.

Examen critique de l'ouvrage de Fourcroy sur la nouvelle théorie chimique, sans date, 1 vol. in-4°.

Essai historique sur l'administration des mines de France, sans date, 1 vol. in-4°.

Voyage dans la Haute-Loire et le Puy-de-Dôme (1793-94). (Il a été publié et annoté par M. Henry Mosnier. *Le Puy*, Marchessou, 1875, 1 vol. in-12).

Monnet a, de plus, laissé des *Mémoires* ou relations de sa vie qu'il cite souvent dans ses divers écrits, mais qui ne se trouvent pas à la bibliothèque de l'Ecole des Mines.

Clermont-Ferrand. — Impr. Bellet et Fils.

www.ingramcontent.com/pod-product-compliance
Ingram Content Group UK Ltd.
Pitfield, Milton Keynes, MK11 3LW, UK
UKHW020352230726
13925UKWH00003B/1083